日本を洗濯致し候《そうろう》

政治家の「あるべきようは」

村上正邦

文芸社

政治家の「あるべきようは」
——日本を洗濯致し候《そうろう》

あるべきようは

鎌倉時代の高僧明恵《みょうえ》上人は、御成敗式目《ごせいばいしきもく》を制定した幕府執権、北条泰時に、天下を握る者の戒めとすべくこの7文字を書き与えた。

当たり前のことを当たり前にすることにこそ、人の道、社会のあり方の真髄がひそんでいる。

日本を洗濯致し候《そうろう》

坂本龍馬が姉の乙女に送った手紙の一節。

尊王と佐幕が争っていた幕末に、龍馬は、国家という視点で日本をとらえていた。

その4年後、新国家体制の基本方針となった船中八策を起草し、同年、同志の中岡慎太郎とともに、京都近江屋で、凶刃に斃れた。

本書の洗濯の意味は、橋下徹氏の「日本維新の会」をふくめた政党政治の刷新である。

序

本書は劇薬である。自らの志と視座をもって
この国と政治の在り方を問う一読の書。

中曽根康弘

政治家の「あるべきようは」——日本を洗濯致し候《そうろう》　目次

カバーデザイン／パワーハウス
取材協力／木村光利

第1章　国会議員の品格とは

ブログその1

投稿日：２０１１年6月16日

大震災の炎に、この身を焼き尽くして、生きていたい
人生五十年というが、私は既に齢八十
多くの人々の縁《えにし》に支えられ、政《まつりごと》の志を生きてきた
今こそ、報恩のときと知る

今こそ、国難ぞ
あの人、この人、雪降る寒空に口にする一物もなく
津波の爪痕無残な瓦礫に母の姿を求め、海に向かいて
愛し子や妻、夫、親の名を叫ぶ

大和は一つ、民も一つ、心も一つ、この天災は何ぞ
国を思え、民を思え、我欲の世を変えろと叫ぶ天の声
天に地に、感謝の誠を捧げ、誇り高く、立て同胞よ
新しい国づくり、我が身を捨て、強い絆で国を興そう

天皇陛下は、被災地に赴かれ、膝を折り、頭を垂れ、被災者へ、励ましのお言葉を述べられた。

「この大震災を生き抜き、被災者としての自らを励ましつつ、これからの日々を生きようとしている人々の雄々しさに深く胸を打たれています」


今、日本人は、心を一つに、大震災の国難に立ち向かっている。

これまで、日本は、関東大震災、空襲や原爆被災、阪神大震災などの数々の危機をのりこえて、たくましく、よみがえってきた。

かならずや、日本は、東日本大震災という空前の大災害から立ち直ることができると、わたしは固く信じている。

日本人の我慢強さ、希望を捨てないたくましさ、努力を積み上げるけなげさに、世界は、

驚嘆の声を上げている。

この誇るべき日本人にふさわしい政治がおこなわれているだろうか。

否である。


日本の政治は、陛下の御心、人々の望みを裏切って、我執に汚れはてている。

わたしは思う。

政に生きてきたわが余生を捧げて、汚れた政治の泥沼に、真白い蓮の花を咲かせたい。


国家と国民のために火の玉となって働き、しかも、品性と高潔さを失わぬ。

それが、あるべき政治家のすがたである。

日本の政治や政党、政治家が、羅針盤を失った難破船のように迷走しているのは、民を思い、国の繁栄を願う天皇の御心を忘れて、権力や物欲、我執に溺れているからではないか。

民主・自民の与野党それぞれ、10%台の支持率、国民の70%が支持政党なしと答える異常事態に、政党政治家は、身を震わせるどころか、与野党連立などという小細工を言い出す。

政党は、国家国民が必要とするところに拠って立つものである。政党政治の根幹である議論を捨てて、互いに、失政を隠しあう談合政権のどこに、政府としての正統性があるだろう。

雄々しく、辛抱強い国民に甘え、その上にあぐらをかこうというのが、連合政権である。支持率16・5％の自民も、10・2％の民主も、政党として、すでに、息がたえている。民の幸せ、子どもの未来、国家の繁栄や国家の誇りを忘却した政党に、愛想もこそつきて、国民が見捨てたのである。

政界再編が急務だ。

既成政党を立て直す時宜は、とうにすぎた。

解党あるのみである。

いまや、国家と国民のため、不惜身命《ふしゃくしんみょう》の志をもった政治家が馳せ参じる本格的な新党の誕生が待たれる。

寄せ集めではだめだ。

国家のために身を挺する覚悟と胆力、強いリーダーシップ、国民と共有できる歴史・文化の価値観、明日を切り拓く理念、哲学、政策がなければならない。

小沢一郎氏は、民主党から80余名の不信任案同調者がでる前提で自民党と根回しをすすめ、鳩・菅会談で風向きが変わるや、本人は、卑怯にも、本会議にも姿を見せなかった。

どこまでも、我執の政治家である。

ここで、過去20年にわたる小沢政治に終止符を打つべきである。

いつまで、小沢氏に振り回されているのか。

内閣不信任案は、伊達や酔狂で出すものではない。

政敵の首を取りにゆくには、それなりの覚悟がなくてはならない。

首取りに失敗したら、自ら、腹を切る。

それが、覚悟である。

自民党の谷垣氏はじめ執行部は、なぜ、敗北の責任をとって、腹を切ろうとしないのか。

その声さえ聞こえてこない。


国会議員の品格の劣化にも、目を覆うべきものがある。

「議会開設120年記念式典」で、天皇皇后両陛下のご入場まで起立された秋篠宮ご夫妻にたいして「早く座れよ。こっちも座れないじゃないか」と無礼きわまりない発言をおこない、あまつさえ、深夜、ホステスを議員宿舎につれこんだ民主党の中井洽衆院予算委員長、また、自民党の後藤田正純氏も、党の地震対策特別委員会副委員長という重責にありながら、この国難のとき、高級クラブのホステスと遊び歩き、中井氏と同様、ホステスを議員宿舎に宿泊させたという。

民主党の石井一副代表（党地震対策本部副本部長）は、大震災の復旧、復興に国をあげて取り組んでいる国会の会期中、フィリピンでゴルフに興じていたとつたえられる。

一方、菅内閣への不信任決議案に応ずるため、辞表を提出していた民主党の4議員は、風向きが変わるや、辞表を撤回して、菅政権に居座るなど、大震災にたいする危機感、国政をあずかる覚悟や信念のないパフォーマンス政治がまかりとおっている。

天下国家のため、身命をかえりみなかった明治の志士をみよ。

西郷隆盛はこういった。

「命もいらず、名もいらず、官位も金もいらぬ人は始末に困るものなり。この始末に困る人ならでは、艱難《かんなん》を共にして国家の大業は成し得られぬなり」

いまの政治家は、命を惜しみ、名を売り、名誉や利権ばかりもとめて、国家のためには何もせぬ。

政党が、破廉恥な代議士を除名できないのは、政党自体、このように、品格と責任感を失っているからである。

議会においてをや、品格と礼儀が失われている。

自民党の山本一太参院政審会長は、参院予算委員会で、不信任案否決後、早期退陣を否定した菅首相にたいして「卑怯なペテン」と暴言を吐いた。

いやしくも、一国の首相に対して、しかも、予算委員会の席上の発言である以上、野党といえども、自ずからそこに、守るべき品位と礼儀があるはずである。

直ちに、発言の取り消しをもとめて、然るべきである。


品格の劣化が、政治のあらゆる場面に噴出して、収拾がつかなくなっているのである。

隆盛はこうともいった。

「人間がその知恵を働かせるということは、国家や社会のためである。だがそこには、人間としての道がなければならない」

人間の道とは、品格であり、情であり、志である。

日本の政治を立て直すには、革命など、必要はない。

必要なのは、政治家の品性を立て直すことである。

政治家の品性は、天皇の御心にそって、国家・国民のために、懸命に働くことによってたもたれる。

次回は、大震災という国難をいかにのりこえるかに、政治は何をなすべきかについて、のべたい。

合掌。

ブログその2

投稿日：2011年6月17日

天皇陛下の御心にそって、危機を克服しよう

菅首相や民主党政権から、大震災に直面して、苦しんでいる被災者や国民への呼びかけが、聞こえてこない。

くわえて、未曾有の国難に立ち向かう政治家の真摯な意気込み、態度がつたわってこない。

これは、異常なことといわねばならない。

政治家には、国民に、愛をもって、熱く語りかける姿勢がもとめられる。

天皇陛下は、被災5日後の3月16日、宮内庁製作の映像で、国民に、直接、慰めと励ましのおことばを発せられ、何度も、被災地に赴かれ、被災者を激励された。

政治家は、このおことばをうけて、身命をなげうって、大震災という国難に立ち向かわなければならない。

それが、天皇を戴くわが国の政治のあるべきすがたである。

ところが、菅首相や民主党政権、および、最大野党の自民党から、被災者の皆さん、国民の皆さんという呼びかけが一度もなかったばかりか、震災復興という名分の下で、菅降ろしや政権クーデター（不信任案）、連合政権という党利党略に走った。

わたしは、以下の5点を、政治家につよくもとめる。

1、私心を捨て、自ら身を削り、国家存亡の危機に望むべし
2、今秋もしくは1年後の衆議院解散・総選挙を約すべし
3、資金集めパーティーを自粛し、政党助成金と夏冬のボーナスを返上すべし
4、超党派の協議機関を設置して、迅速な国家意思を定むべし
5、大局観、および、責任感と衿持をもって、行動すべし

陛下は、宮内庁のビデオで、こう述べられた。

「一人でも多くの人の無事が確認されることを願っています」

「現在、原子力発電所の状況が予断を許さぬものであることを深く案じ、関係者の尽力により事態の更なる悪化が回避されることを切に願っています」

「厳しい寒さの中で、多くの人々が、食料、飲料水、燃料などの不足により、極めて苦しい避難生活を余儀なくされています。その速やかな救済のために全力を挙げることにより、被災者の状況が少しでも好転し、人々の復興への希望につながっていくことを心から願わずにはいられません」

「自衛隊、警察、消防、海上保安庁を始めとする国や地方自治体の人々、諸外国から救援のために来日した人々、国内の様々な救援組織に属する人々が、余震の続く危険な状況の中で、日夜救援活動を進めている努力に感謝し、その労を深くねぎらいたく思います」

「世界各国の元首から相次いでお見舞いの電報が届き、その多くに各国国民の気持ちが被災者と共にあるとの言葉が添えられていました。これを被災地の人々にお伝えします」

「海外においては、この深い悲しみの中で、日本人が、取り乱すことなく助け合い、秩序ある対応を示していることに触れた論調も多いと聞いています。これからも皆が相携え、いたわり合って、この不幸な時期をのりこえることを衷心より願っています」

「何にも増して、この大震災を生き抜き、被災者としての自らを励ましつつ、これからの日々を生きようとしている人々の雄々しさに深く胸を打たれています」

そして、最後に、こうしめくくられた。

「被災者のこれからの苦難の日々を、私たち皆が、さまざまな形で、少しでも多く分かち合っていくことが大切であろうと思います。被災した人々がけっして希望を捨てることなく、身体を大切に明日からの日々を生き抜いてくれるよう、また、国民一人ひとりが、被災した各地域の上にこれからも長く心を寄せ、被災者と共にそれぞれの地域の復興の道のりを見守り続けていくことを心より願っています」

国民の被災地、被災者にたいする祈るような気持ちを、陛下が、代弁されたのである。

政治家は、なぜ、陛下のお心を自らの心として、この危機を克服し、世界に誇れる新しい日本をつくろうという意気に、奮い立たないのか。

この一事をもって、わたしは、日本の政治が、危機的状況に陥っていると深く憂う。

合掌。

ブログその13

投稿日：２０１１年8月22日

政治家は国家的な存在

わたしは、今日まで、政治家が政治屋に堕落してしまった、サラリーマンの月給取りに成り下がった、世襲を家業の相続くらいにしか考えていないと嘆いてきました。

その意味は、政治、および政治の目的は、個人の日常をこえたところにあるということです。

国家の平和や安全、国民の幸、歴史や精神文化は、事あらば立つ、高い志や強固な意志、勇気ある行動によって、まもられ、うけつがれてきました。

維新十傑のなかで、非業の死をとげなかったのは、公家の岩倉具視だけでしょう。

明治維新の功績者は、明治政府の元勲だけではありません。名もなきおびただしい草莽《そうもう》の志士が、戦場や刑場の露と消え、テロに斃《たお》れました。志士たちが、じぶんの命をかえりみなかったのは、果たすべき志や理想、国家を思う心情が、命をこえたところにあったからです。

そこに、政治家の政治家たる所以があります。

政治家は、個人の生活や命よりも大事なもののために、場合によっては、身を危険にさらしてでも、奔走しなければなりません。

政治は、政治家のそういう覚悟のもとで、うごくのです。

個人の生活やじぶんの命が大事というところからは、国家・国民を守る気概も哲学もうまれません。

昨今の政治家は、政党助成金や議員報酬、政経パーティーという名目の金集め、その他の実入りで、人並み以上の生活を享受し、一方、政党は、できもしないマニフェストやバラマキで国民を欺き、心をむけているのは、次の選挙のことだけです。

政治は、いまや、選挙第一主義で、選挙そのものが目的になっています。

だから、わたしは、いまの政治家は、国家的な存在であることを忘れた政治屋と批判したのです。

政治を私物化してきた小沢氏の罪

今回、こんなことをいうのは、松田賢弥さんが書かれた『角栄になれなかった男　小沢一郎全研究』（講談社／2011年）という本を読んで、暗然とした気持ちになったからです。

同書には、小沢さんが経世会を離脱したとき、13億円を持ち去ったという高橋元秘書の告発が載っています。

小沢さんは、政党をつくっては壊し、そのたびに、みずから手がけた制度を悪用して、巨額の政党助成金を着服、私財を蓄えてきました。

そして、すべて、秘書が勝手にやったことと言い逃れて、平然としています。

小沢さんは、選挙と政局の政治家といわれてきました。

選挙や政局は、政権構造が変わる局面で、そのたび、多額のカネがうごきます。

小沢さんは、私利私欲のために、政局や選挙をもてあそんできたのです。

そして、国家や国民という政治の大筋をないがしろにして、東日本大震災で被災した地元の岩手県にさえ足を運んでいません。

わたしが、暗澹たる思いになったのは、小沢さんが、じぶんの利益をもとめることだけに汲々として、あまつさえ、じぶんの利益のために、政治を利用してきたからです。

小沢さんは、1か月以上前に申請する慣例を破って、天皇陛下と中国の習近平副主席の会見を強引にすすめ、記者会見で、質問されると、記者に「そんなモン、法律できまっているわけじゃない。キミは憲法を読んだことがあるの」と居直り、政治利用を懸念した羽毛田信吾宮内庁長官にたいして「反対なら辞表出して言え」と恫喝しました。

小沢さんは、じぶんの利益のためなら、政治権力どころか、天皇まで利用しようというのです。

松田さんの本を読むと、小沢さんのなかにあるのは、国を思う政治家の志ではなく、欲に血迷った盗賊のごとき企みだったことが、ひしひしとつたわってきます。

国士として死に場所を得た維新の志士

明治維新の評価はさまざまですが、維新の三傑、西郷隆盛は、地位も名誉も捨てて、戦場で自決、木戸孝允は、死の病の床で、大久保利通の手を握って、「西郷もいい加減にしないか」とうわ言をつぶやき、盟友と明治政府の行く末を案じながら、息をひきとりました。

そして、大久保は、西郷自刃の翌年、テロに斃れたのです。

不惜身命のかれらこそ、国士の名にふさわしいでしょう。

志士たちは、命をこえた目的のために働き、立派に死に場所を得て、散ってゆきました。

それが、政治家の生き方で、じぶんの利益しか頭にない、小沢さんタイプの政治屋は、日本の政界をこれ以上、汚すことなく、一刻もはやく、政治の舞台から去ってもらいたいと希うばかりです。

大震災と原発事故からの復興を願う国民のあいだから、菅氏辞任の声が大きな合唱となって響いていますが、わたしには、その声が、小沢氏引退を求める声と木霊しあって聞こえてきます。

政治家は、死に場所が大事です。

わたし自身も、じつに、一政治家として、死に場所をもとめています。

小沢さんの死に場所は、来る民主党の代表選挙で、これまでの政治家人生の総決算のつもりで、私心を捨て、日本の未来を見据えた行動をとることに尽きます。

かつて、小沢さんは、海部内閣をつくったとき、「御輿にかつぐには軽い方がよい」といわれました。

今回の民主党代表選挙では、そのような思い上がった選択ではなく、真摯にじぶんを見つめ、虚心に返って、新たなリーダーを選出していただきたい。

そして、みずからは、潔く、政界から身を引く。

それが、小沢さんがすべき最後の奉公と申しておきましょう。

合掌。

ブログその35

投稿日：２０１２年3月2日

〝物狂い〟になれない政治家に欠ける資格と資質

日本には、本物の政治家が、数えるほどしか見あたりません。

わたしのいう本物の政治家とは、選挙に当選した代議士ではなく、天下国家のために死に物狂いになれる、志をもったもののふ（武士）のことです。

代議士というのは、選挙の結果であって、人気投票の要素が大きい現在の普通選挙、浮き草のように時流に翻弄される劇場型のマスコミ選挙では、知名度の高い人や人気タレントが、一夜にして、国会議員になるケースもあります。

かれらは、代議士であっても、小泉チルドレンや小沢ガールズなどに代表される政治のイロハも知らないアマチュアで、政治家としての志など望むべくもありません。

選挙に勝つことだけに汲々としている職業政治家も、政治を家業と心得ている2世政治家も、本物の政治家かどうか、はなはだ疑問です。

政治と選挙は、別物で、選挙に勝たなければ、代議士になれませんが、選挙に勝ったからといって、本物の政治家になれるわけではありません。

本物の政治家というのは、戦場を駆け回るもののふで、一般的な世界とは異なる次元で、ときには、常人とちがった思考やふるまいをもって、国家や国民の敵、社会の悪や矛盾に立ち向かう気概や勇気がもとめられます。

サラリーマン化した政治家は、そんな真似さえできません。

日常性のなかにどっぷり浸かって、選挙やカネ、地位や保身、世間の評判のことばかり気にかけているのが現在の情けない政治家の姿ではないでしょうか。

公費を使って、夜な夜な、銀座のホステスと遊び歩き、議員宿舎をラブホテル代わりにしていた代議士が、予算委員長をつとめるご時世です。

資金集めパーティーに余念がなく、なかには、数万円の会費をとって朝食会をくり返している政治家さえいるありさまで、開いた口がふさがりません。

現在の政界は、選挙に当選すればすべてＯＫの選挙万能主義者ばかりで、しかも、選挙イコール政局という風潮とあって、政治家の資質が問われることがありません。

多数決は、数の暴力ということばがありますが、選挙は、究極的な数の暴力ということができます。

政治を、数の暴力にゆだねるのが普通選挙法で、そんなものと政治を一緒にして、国がおかしくならないわけはありません。

わたしは、最近、驚愕的な話を耳にしました。

10年前、暴漢に刺されて死亡した石井紘基議員（民主党）は、特別会計という日本のタブーに挑んで、口封じされたのではないかというのです。

日本には、特別会計というアンタッチャブルな領域があります。

国の予算は80兆円（一般会計）ですが、霞が関は、２００兆円の予算（特別会計）をもって、独立行政法人や特殊法人、公益法人らを使い、壮大な利権構造をつくりあげているのです。

２万人以上の国家公務員が、官製法人に天下りして、５兆５０００億円もの予算が浪費されているのは、氷山の一角で、独立行政法人のムダ遣いは、年間、10兆円とも20兆円ともいわれています。

予算や剰余金を使い切るため、必要のない事業を強行して、身内で甘い汁を吸っているのです。

特別会計を一般会計に連結させて、ムダ遣いをやめさせるだけで、震災の復興費がでてくるでしょうし、消費税の値上げも、必要がなくなるでしょう。

橋下大阪市長は、大阪府と大阪市の二重行政の解消を公約にあげていますが、日本という国自体が、霞が関と永田町の二重行政になっているのです。

国会で、これらの構造を暴いたのが、石井議員で、同議員は、３０００社以上の天下り会社を整理して、民間の中小企業に吸収させるという壮大な考えをもっていました。

石井議員は、特別会計という闇に真っ向から挑み、国会で重大な質問をおこなう予定だったその朝、テロリストに刺殺されて、鞄のなかにあった代表質問の資料を奪われました。

テレビ放送（テレビ朝日「報道発ドキュメンタリ宣言」２００９年）によると、犯人（伊藤白水）は、獄中で「頼まれたから殺した」と告白したといいます。

事実であれば、法治国家の名の下で、背後関係や事実関係を徹底的に明らかにすべきでしょう。

石井議員は、命を賭けて、政治家としての使命を果たそうとして、凶刃に倒れたことになります。

そういう壮絶な覚悟をもった政治家が、現在、何人いるでしょう。

あれから10年がたち、石井議員刺殺事件は、忘れ去られました。

政治家やマスコミは、事件にも、石井議員が追っていた日本の闇についても、一言も触れようとしません。

政治家がこの問題を口にしないのは、タブーに触れるのがこわいからでしょう。

そして、党利党略や権益に奔走し、資金集めパーティーやテレビ出演にうつつをぬかしています。

それが、いまの政治家で、命懸けで、日本をよくしようという決意も覚悟もなく、日々、のんべんだらりとぬるま湯に浸かり、寄らば大樹の陰をきめこんでいます。

田中角栄元首相は、中・ソとの友好条約をむすび、アラブから直接、石油を買い付ける全方位外交をとって、アメリカが仕掛けたロッキード事件という罠にはめられました。このとき、マスコミばかりではなく、政界も財界も、田中角栄元首相を極悪人呼ばわりして、抹殺しました。

マスコミは、商売のためにメディアを切り売りしている商売人です。かれらが、自己利益のために汲々とするのは、仕方がないでしょう。命が惜しく、何よりもじぶんの生活が大事で、角栄氏叩きも石井氏事件の黙殺も、すべて、カネ儲けのためです。

しかし、政治家は、断じて、そうあってはなりません。

とくに、東日本大震災という国難にくわえ、経済や国防・外交、国内政治に大きな問題をかかえている現在、政治家が、じぶんの生活や金銭、地位、利権漁りにあくせくしていては、日本は、国際社会の荒波のなかに沈没してしまいかねません。

政治家の使命は、田中角栄元首相や石井議員がそうであったように、いつ、敵の罠や凶刃にかかるかもしれない戦場に身をおいて、それでも、死に物狂いで、天下国家のために働くことにほかなりません。

日本に、そんな使命感をもった政治家が、何人いるでしょうか。

現在の日本に、本物の政治家がいないというのは、そういう意味合いです。

時折、小沢待望論が聞こえてきます。

豪腕政治家の登場が必要というのです。

しかし、小沢さんに、はたして、戦場を駆け回るもののふの気概があるでしょうか。

政党をつくっては壊し、そのたびに支給された政党助成金を私物化して、財テクに走っている彼に、政治家として、何を期待すればよいのでしょう。

野田首相は、情感に乏しいのか、能面のような無表情で紋切り型のセリフを並べ立て、政権維持のためか、財務省のいいなりになって、消費税値上げをくり返すばかりで、自身の外国人献金については、頬かむりしています。

野田首相や前原民主党政調会長（当時）の外国人献金問題、小沢元代表の「政治とカネ」の問題をうやむやにして、きれいごとを並べ立てているのが、現在の民主党政権です。

そもそも、「1票の格差」是正を期限内に決着できなかった現在の国会は、違憲にして違法状態にあります。

立法府は、いまやまさに、脱法府になっているのです。

国会議員の資格についても、同様であり、資格に疑義がある国会議員によって構成されている国会で予算や消費税などの重要案件を審議したところで、国民は、納得しません。党利党略どころか、私利私欲に走り、じぶんの頭の蠅さえ追えない議員が跋扈《ばっこ》している国会、法律違反者が指導する内閣のもとで、国民が政治に信をおきかねているのが、劣化しつつある現在の政治状況ではないでしょうか。

政治家は、戦場のもののふであると同時に、聖職者でもあります。みずからの利益を顧みず、自己犠牲や国家国民への奉公に身を投じるのが、本物の政治家で、だからこそ、明治の昔から、英雄として、国民の尊敬を一身に集めてきたのです。ところが、現在、政治家は、テレビタレントからばかにされる存在になっています。英雄どころか、一生活人となって、自我や私事、個人のことばかりに熱心で、天下国家のことなど、忘れ果てているからです。

じぶんのことしか頭にない政治家は、ただの俗物です。

政治不信ということがいわれますが、実際は、政治家不信です。

国家や国民を忘れて、自己の利益のみに汲々としている政治家ほど醜悪なものはありません。

必要なのは、政治改革ではなく、政治家改造です。

わたしは、政治に、大きな可能性を見出しています。

政治家が、本気になれば、かならず、偉大なことができるのです。

それには、政治家が、血刀をひっさげた戦場のもののふに、一途の熱情にとりつかれた物狂いにならなければなりません。

最近の政治家の顔は、サラリーマンの顔とかわることがありません。

血走ったもののふの目をもった政治家を、石原慎太郎さんらと青嵐会を結成した中川一郎さんで終わりにしたくないというのが、この項におけるわたしの率直な感慨です。


合掌。

ブログ（自著）解説①

第1章　国会議員の品格とは

1　不惜身命の覚悟

わたしの「不惜身命《ふしゃくしんみょう》」は、国のため身も命も惜しまないという覚悟です。

不惜身命は、もともと、道元禅師のことばで、京都大学の西田幾多郎門下で、道元研究家でもあった「生長の家」政治連合の田中忠雄会長から伺って、心に刻み込まれ、いまも、わたしの心の中に生き続けています。

「政治家が、身も命も惜しまず、事にあたって、はじめて、国を動かすことができる」というのが、政治家としてのわたしの信念で、第35代アメリカ大統領ケネディが、「政治姿勢は政策に優先する」と喝破したように、政治を動かすのは、技術的な政策ではなく、政治に取り組む心や気迫、覚悟です。

幕末の剣客、島田虎之助が、「剣は心なり。心正しからざれば、剣又正しからず」ということばを残しています。

仏の教えも政治も、そして剣も、身も命も惜しまない覚悟をとおして、心という境地に至るのではないでしょうか。

2 参議院の良識はいずこに

政治を成熟させるカギは、参議院がにぎっています。

任期が6年と長く、任期途中での解散がない参議院では、教育や外交、防衛など、国の基本問題について、腰をすえて、議論を深め、熟議を重ねることができるからです。

ところが、現在、参議院は、政局の府といわれる衆議院のカーボンコピーとなって、良識の府としての持ち味を失っています。

衆議院の権力闘争や党利党略にまきこまれて、第二の衆議院になっているのです。

これでは、二院制を設ける意味がありません。

衆参ねじれ現象などといって、厄介事のようにいわれますが、衆参のあいだにねじれという落差があって、はじめて、政策議論が白熱して、政治の奥行きがでてくるものです。

もっとも、現在、いわれている衆参ねじれ現象は、たんに、与野党の頭数だけをさしたもので、日本の政治は、議論抜きの多数決と多数派工作、党利党略からできあがっている観があります。

その象徴が、民・自・公の３党合意で、３党は、多数派工作に走って、解散時期などについて、じつは、何の合意もできていなかったことが、のちに、明らかになりました。数合わせだけの３党合意をもちこみ、党議拘束をかけて、参議院に、存在理由があるでしょうか。

参議院から、幹事長をだす考え方も、誤りです。

党の幹事長は、衆議院が舞台となる権力闘争の指揮官ですから、解散のない参議院から出すのは、筋違いで、参議院の何たるかを心得ない不見識です。

良識の府が政争にまきこまれて、どうして、良識や見識が出てくるでしょうか。

衆議院選挙の落ち穂拾いになっては、参議院の持ち味がなくなってしまいます。

二院制の意義は、衆議院議員と参議院議員が、異なったスタンスに立つことにあるのです。

参議院を廃止すれば、国会議員の減員につながるばかりか、１億円近くになる議員歳費にくわえて秘書３名、議員会館、宿舎などの諸経費、諸手当や各議員に５０００万円近く支給される政党助成金、国会維持費など莫大な予算が節約できます。

冗費を節約し、政治家の質を高めるためにも、参議院廃止は、今後、真剣に議論されるべきでしょう。

かつて、ビートたけし氏が、テレビで、「参議院などいらない」と発言するのを聞いて、憤慨したものですが、いまになって思えば、正論だったかもしれません。

3　政治家は腹をくくらなければならない

政治家にとって、覚悟と責任は、表裏一体の関係にあります。

覚悟をきめて、事にあたり、失敗したら、責任を取らなければなりません。

政治家の覚悟や信念は、それほど重いもので、軽挙妄動は、ゆるされないのです。

小沢氏の誘いにのった、野田首相にたいする不信任決議案が、大差で否決されたにもかかわらず、自民党の谷垣総裁（当時）が責任を取らなかったのは、政治家としてけじめに欠いたふるまいです。

不信任決議案が可決された場合、内閣総辞職か、解散になります。

天下分け目の大いくさを仕掛けたからには、負けた野党の大将が、腹を切るのは当然です。

現在の日本の政治に欠けているのは、戦場のきびしさ、生きるか死ぬかの真剣さです。

ゲーム感覚で、もたれ合い、じゃれ合っているだけですから、責任を取るという切実な気構えが、どこからもでてこないのです。

小沢氏が、消費増税の反対に回ったため、野田首相は、参院決議に、自民党に、協力をもとめました。

野党に協力をもとめた段階で、野田首相は、造反した小沢氏を切るべきでした。少なくとも、小沢氏側近の輿石幹事長は、解任すべきで、党の重要法案に叛旗を翻した勢力を放置して、野党の協力をもとめては、政党としての筋や体裁が、保たれません。

野田氏は、けじめや責任ということに鈍感で、野田政権で、問責決議から更迭された大臣は、仙谷由人内閣官房長官、馬淵澄夫国土交通大臣、一川保夫防衛大臣、山岡賢次国家公安委員長兼消費者担当大臣、田中直紀防衛大臣、前田武志国土交通大臣ら６人にのぼりますが、任命責任をかんじているふうはみじんもありません。

覚悟も責任もなく、馴れ合いのなかで、日本の政治は、もはや、収拾がつかなくなっているのです。

４　「小沢政治」とは何だったのか

小沢氏の無罪判決には、不明朗な点が少なくありません。

収賄容疑で告発されなかったのは、謀議がなかったからといいますが、秘書が、議員の了承を得ずに、4億円の資金を動かせるわけがないのは、小学生でもわかることです。

自民党の古い体制が批判されますが、その象徴が、小沢氏の「政治とカネ」問題です。小沢氏の「政治とカネ」を不問にして、民間人による強制起訴制度を有名無実にしてはならないでしょう。

いまの政治を毒している小選挙区制や政党助成金制度は、政治改革の名目で、小沢氏がつくったものです。

議員5人頭数が揃えば、政党として認知され、助成金をもらえる政党助成金は、政党本来の性格をがらりと変え、政党を、政治信条の異なる人々が、同床異夢を貪る経済徒党にしてしまいました。

政党助成金の前に、政党法がなければなりません。

ところが、小沢氏は、同志が集う政党を、何の法的規制もうけない公金の受給団体へと貶め、政党政治の根っ子を腐らせたのです。

小選挙区制度の廃止も、急を要するでしょう。

もともと、小選挙区制は、二大政党を前提としたものですが、二大政党が、幻想だったことが明らかになって、いまや、その制度的欠陥が、大きな弊害となっています。

この悪しき制度は、細川８頭立て内閣の小沢幹事長、当時野党にあった河野総裁、森幹事長の談合によってつくられたことを申し添えておきます。

１選挙区から当選者が１人しか出ない選挙制度では、少数党が切り捨てられ、大政党によるバラマキが選挙戦の争点になり、前回の衆院選では、児童手当や農家の個別所得補償制度を掲げた民主党が大勝しました。

わたしは、当時、予算委員会筆頭理事として、参議院で「小選挙区制反対」を叫び、自民党幹部と激突しましたが、このとき、石原慎太郎氏が、毎日、参院の幹事長室に、激励に来てくれたものです。

わたしは、大政党の党利党略が幅をきかせる小選挙区制に、いまも、つよい危機感をもっています。

落選者の救済制度となっている比例代表も、小選挙区とともに、廃止されるべきです。

小沢氏の政治改革は、結局、自身に都合のよい選挙制度の改悪でしかなく、定員削減をふくめて、選挙制度を立て直さなければ、日本の議会政治は、とめどなく堕落してゆくでしょう。

5　政治家が劣化しているから官僚がのさばる

政治は、本来、空気のようなものでなければなりません。

政治が前面にでてくるのは、世の中が乱れているからで、政治家の責任です。

よい政治は、政治家が、国家国民のために、懸命に働くことによって、実現されます。

一般人のように、じぶんの利益や生活のために働くのではありません。

国のため、国民のため、じぶんを捨て去って、身を粉にするのです。

このとき、政治は、空気のようなものとなって、社会が、穏やかに安定します。

かつて、政治家が、世間から尊敬されたのは、権力や名誉、名声をもっていたからではなかったことに早く気づかなければなりません。

人々は、国家の繁栄や国民の幸という高い志をもって、勇気や信念をもち、自己犠牲を厭《いと》わずに働くすがたに、指導者の雄々しさを見たのです。

今は亡き自民党の早川崇先生が、求められると、色紙に「奉仕即解脱」とお書きになられました。

奉仕することは、よろこびであり、救いであるという、心に沁みる至言です。

この意味の深みが、政治家の立場を離れて、「無一物処無尽蔵」となった今、しみじみとわかるような気がします。

早川先生は、中曽根（康弘）大勲位と東大の同期で、海軍主計局でも一緒でした。戦後は、日本を復興させるため、中曽根先生とともに、政界入りをめざし、和歌山県の田辺市から立候補しました。

労働大臣や自治大臣を歴任され、夭逝されなければ、総理大臣の地位についておられたでしょう。

大学同級生の馬頭哲弥（元和歌山県議会議長）君が、たまたま、早川先生の秘書だった縁から、早川事務所に出入りされていた玉置和郎先生の知遇をえて、わたしは玉置先生の秘書として、お仕えするようになりました。

政治家としての出発点が、早川先生との出会いだったことから、田中忠雄先生から教えられた道元禅師の「不惜身命」とともに、早川先生の「奉仕即解脱」が、政治家としてのわたしの原点となりました。

現在の政治家には、「奉仕即解脱」の哲学が、欠けているように思います。

戦後は、人権や個人主義ばかりがもちあげられて、奉仕という大きな精神がなくなってしまい、全体の奉仕者である政治家や官僚でさえ、最大の関心事が、国家ではなく、自分自身になってしまったからでしょう。

そこに、政治家が劣化した原因が、ひそんでいます。

奉仕という大きな精神をもたないサラリーマン政治家や政治を家業のように考えている2世、3世議員に、胆力や決断力、器量や風格がそなわるわけはありません。

自我という小さな精神に立て籠もっている政治家は、人間も小さいので、エリート官僚から侮られます。

小物の政治家が、偏差値の高い官僚に使われているのが、現在の永田町です。

その憤懣から、官僚体制打破というスローガンがでてきますが、官僚を、政治の戦力として使い切る器量なくして、高度に、複雑に組織化された日本という国家を運営することができるものでしょうか。

政治家の仕事は、官僚に、国家観や使命感、目的意識を説くことです。

それには、政治家本人が、見本になるような気構えや見識、情熱をしめさなければなりません。

ところが、現在、一部の政治家は、毎朝、一流ホテルのサウナで骨休めをし、カラスの鳴かない日があっても、朝食会や出版記念と称して、資金集めパーティーに血道を上げない日はなく、さらに、連日、後援者主催のパーティーに奔走するなど、多額の歳費や諸手当を貰って、議員生活をエンジョイすることばかりに腐心しています。

天下国家より、じぶんの個人的生活を大事にしているのです。

政治家が官僚からばかにされるのは、志が低いからです。

現在、官僚と渡り合い、責任感や使命感をあたえて、霞が関をリードしていこうという気迫をもった政治家が、どれほどいるでしょうか。

いやしくも、立法府にある者は、国民の代表という矜持をもって、行政府に睨みをきかせる迫力をもたなければなりません。

わたしは、その迫力の土台、大本にあるのが、「奉仕即解脱」と思います。

奉仕の心をもって、自我を滅却したとき、政治家の不動心ができあがります。

政治塾ブームですが、政治家をめざすなら、政治理論や選挙技術より、「奉仕即解脱」を実践していただきたいと思います。

第2章　復興と再生を誓う

ブログその3

投稿日：2011年6月20日

生活再建と復興ビジョンをさししめせ

政治家、とくに、政権をあずかる者は、非常事態に際して、国民に熱く語りかけるとともに、明確な政策ビジョンを掲げて、希望と安心、勇気をあたえなければならない。

現状はどうか。

政策を、党利党略の道具にして、政党間、政・官の取引材料にしている。

政策が、国民のためではなく、政治家のカードになっているのである。

政府は、政策ビジョンを国民的視点へすえなおして、夏前までに復興の基本ビジョンを公表するとともに、未来に希望の持てる地域づくりの青写真を明確にしめさなければならない。

わたしは、政府に、以下の政策ビジョンを提案する。

1、農業・漁業再開のため、農地と港湾の早急な整備、二重ローンの解消、生活・事業再建資金、就学資金を確保せよ

仮設住宅を早期に建設するとともに、完成までのつなぎとして、県内や近県の賃貸住宅を国が借り上げて入居してもらう措置をとるべき。

2、原発・放射能の関連情報を積極的に公開して、国民の健康を守れ

原発は、国策として推進されてきたもので、今回の福島原発事故の第一義的責任は政府にある。国民、とりわけ、子どもたちの健康を守るため、放射能関連情報を、福島県をはじめ東北地方、首都圏に、きめ細かに提供してゆくことは、政府に課せられた義務である。また、国際社会の一員である日本は、詳細な原発関連情報を国際社会に提供して、信頼回復をはからなければならない。

3、「太陽経済国家」を目指すべき

我が国は太陽光利用の先進国である。原子力発電の安全性をより一層高めると同時に、

風力・地熱発電をふくめたソーラーエネルギーなど、太陽エネルギーの積極的活用の具体的プランをしめして、「太陽経済国家」への道筋をしめすべきである。

4、日本銀行引き受けの復興国債を発行せよ

震災と原発事故の復興財源を増税にもとめると、日本全体に深刻な経済震災がもたらされる。

財政法5条の規定にしたがって、金額の上限を規定した上で、30兆～50兆円規模の復興国債を日本銀行引き受けでまかなうことを国会で議決せよ。

復興財源をつくり、復興政策を大胆に実施することによって、中長期安定財源の確保とデフレ脱却・経済再生も可能になるはずである。

5、非常事態へ備えよ

大震災と原発事故の教訓を踏まえ、我が国の非常事態への備えを、具体的かつ全面的に見直して、早急に、万全の国家態勢をとらなければならない。

憲法に非常事態条項をくわえ、国民の生命と生活を守る意気込みをしめすべきであろう。

６、国際社会の信頼を回復せよ

国際社会は、被災者の自己規律、思いやり、忍耐強さ、勤勉さを称賛する一方で、政府の事態掌握の甘さ、情報公開の不透明さ、対応の遅れなどに失望し、不信感を強めつつある。政府は、原発事故の情報を国内外に、迅速、かつ的確に開示して、不信感を払拭するとともに、世界各国から寄せられている支援の内容を詳しく国民につたえ、国民とともに謝意を表して、礼節を全うしなければならない。

世界は、日本を必要としており、日本の再生に強い期待を寄せていることを忘れてはならない。

７、３月11日を「鎮魂・慰霊の日」と定めよう

３月11日を「鎮魂・慰霊の日」と定め、国民こぞって、犠牲者に哀悼の誠を捧げ、日本国の永続と繁栄を誓う日としたいものである。

祖国日本の復興と再生を誓い、日本人として生まれた絆をたしかめあい、生の喜びを天地に感謝することをもって、震災で亡くなった人々への鎮魂歌としたいのである。

合掌。

ブログその38

投稿日：２０１２年3月13日

被災地復興のエネルギーを地域エゴで妨害してはならない

東日本大震災から、1年になりますが、瓦礫処理は、いまだ、いっこうにはかどっていません。

岩手、宮城、福島3県で発生した瓦礫は、約２２５２万８０００トンです。

このうち、最終処分を終えた瓦礫は、2月20日現在で１１７万６０００トン、わずか、5・2％にすぎません。

大地震にともなって生じた津波によって、宮城県で19年分、岩手県で11年分。宮城県石巻市に至っては、市が処理できるゴミのおよそ１００年分の瓦礫が発生したといわれます。

被災地には、自治体の処理能力をはるかに超える、膨大な量の瓦礫が積み上げられているのです。

これらの瓦礫は、被災地以外の都道府県や市町村が受け入れて処理しなければ、何年も放置されたままになり、被災地復興の大きな障害になるでしょう。

ところが、共同通信のアンケート調査によると、市町村の86％が瓦礫の受け入れに難色を示したといいます。


わたしは、昨年6月16日、全国町村会の藤原忠彦会長宛に、全国各市町村による瓦礫の分散処理をお願いする手紙をさしあげました。

現在、政府がおこなっている43都道府県単位の大雑把なやり方ではなく、３３００市町村の細やかな対応ができると思ったからです。

被災地復興の喫緊の問題である瓦礫の処理は、日本人のあいみたがいの精神を発揮して、全国すべての市や町、村が立ち上がり、たとえトラック一台でも、持ち帰って処理をすれば、被災地から、瓦礫が減少して、復興促進のはずみになったはずです。

地震発生直後、昼夜を分かたず、被災地に救援物資を運んだことを思えば、瓦礫処理は、政治のリーダーが覚悟をきめてかかれば、それほどむずかしいことではないと、これまでのわたしの政治経験から判断したのです。

ところが、全国町村会からは、何の返答もなく、電話で検討をお願いしても、なしのつぶてです。

被災地の瓦礫処理に冷淡な全国の市町村、瓦礫の受け入れに難色を示している全国の自治体に、わたしは、落胆を禁じえません。

日本人の魂は、餓鬼道に堕ちたのか——。

瓦礫に埋もれて、地獄のような有様をていしている被災地では、住民たちが、けなげに、懸命に、復興のために働いています。

その一方、被災地から瓦礫を持ち帰って、専用施設で処分するのに、各自治体の地元民が、じぶんの身に害がおよぶといって反対しているのです。

呆れ果てたエゴイズムです。

放射能測定値が全国並みの宮城・岩手の瓦礫に、たとえ多少、放射能汚染があっても瓦礫を市街に放り出すわけではありません。

生活の場から離れた専用の処理場で、基準にしたがって処分する瓦礫から、万が一、否、億に一つも、住民に害がおよぶ可能性はないのです。

同じ日本人が、天災でこれほど苦しんでいるのに、天災に遭わなかったかれらは、塵埃一つほどの迷惑にも我慢がならないというのです。

きずなや心は一つ、がんばろう東北ということばが、なんと空しく響くでしょうか。


瓦礫処理がすすまない理由は、二つあります。

一つは、放射能汚染の問題です。

マスコミは、次のように報じます。

「東電福島第一原発事故によって大量の放射性物質が広い地域にまき散らされており、放射能不安を何らかの形で和らげるか解消しないかぎり、広域処理がすすむとは思えない。それは国の責務だ」

「受け入れ瓦礫の汚染度基準や処理施設の基準、最終処分方法など、瓦礫処理の基準がしっかりしていて、はっきりと安全とわかるものであれば、このような混乱はおこらないでしょう。そういう基準をつくりきれていないのは明らかに国政や行政の不作為・怠慢です」

これらの意見は、正論ですが、無理難題です。

放射能汚染は、関東以北、名古屋以北どころか、沖縄以外の全土におよんでいるといわれます。

放射性物質が危険なものなら、日本人全員が、その危険にさらされたのです。被災地の瓦礫処理さえ、わが身に危険がおよぶというのは、他人事の言い草で、放射能の不安解消や安全性ばかりを言い立てると、瓦礫処理どころか、被災地から他地域への物品移動さえ不可能になってしまうでしょう。

被災地復興のため、日本人が心を一つにするというスローガンは、放射能の危険を国民全員が共有するということではなかったでしょうか。

わたしたち、いま生をうけている者は、すべて、現代文明の利便性やゆたかさの恩恵をうけています。

放射能汚染を言い立てている人々は、文明の果実だけうけとって、リスクや報復、犠牲をすべて、東北3県におしつけようというのでしょうか。

東日本大震災と福島の原発事故は、日本という国が被った国難で、特定地区の災難ではありません。

安全性が保証されていないので、瓦礫処理を引きうけられないというのは、今回の大災害が、日本および日本人全体が被った国難という認識に乏しいからでしょう。

放射能汚染を全国へバラまくなという言い分は、放射能がこわくて、東京から九州へ引っ越した一家のように、じぶんさえよければよいという考え方で、地域エゴではなく、個人エゴです。

　まして、原発反対とむすびついた「放射能汚染物質の拡散反対」になると、問題が複雑化して、ますます、瓦礫処理が遅れることになります。


　環境省は、焼却処理する瓦礫の受け入れ基準について「放射性セシウムが1キロ当たり２４０～４８０ベクレルで十分安全性を確保でき、焼却灰の埋め立ても、１キロ当たり８０００ベクレルまでなら50センチの覆土を保つことで跡地利用に問題はない」としているのですから、この基準にしたがって、瓦礫処理の受け入れを粛々とすすめるべきではないでしょうか。

　福島以外の瓦礫処理には、復興の初期段階で、国が率先してうごき、全国規模で撤去作業にあたるべきで、１年近くたっても、瓦礫の95％が放置されているのは、その任にあたるべき政治家や官僚が、処理方法について、知恵を絞らなかったためです。

　政治家が、現場に足を運んで検証せず、現状を把握していなかったところに、大きな問題があったのです。

　わたしは、菅内閣当時、仙谷官房長官と面談して、ただちに、復興庁を被災地に設置して、すべての権限を委譲すべきではないかと提案しました。

現場のニーズや要望に応えるには、従来のタテ割り組織のままで、しかも、東京に居座って陳情をうけるような横着なやり方では、とても間に合わないと思ったからです。

ところが、復興庁が東京に設置されたばかりか、復興庁設置法が国会で成立したのが2011年の12月、発足にいたっては、翌年（2012年）の2月というもたつきぶりでした。

平成の後藤新平が登場してこないのは、政治家に、必死の思い、命懸けの覚悟、身を挺した決断が欠けているからにほかなりません。

現在の、何事にも他人事の政治を、一刻も早く改革しなくてはなりません。


橋下徹大阪市長は、瓦礫処理の受け入れが難航していることについて、「みんなで負担しなければならないところは負担するという当たり前のことが、憲法9条の精神で吹っ飛んでしまっている」と発言して、一部から、憲法9条と瓦礫処理の遅れを直結させるのは短絡的と批判を浴びているそうです。

わたしは、橋下氏のいわんとしていることが、理解できます。

二つ目の理由は、橋下氏のいう、共同防衛という感覚の欠如です。アメリカ議会から批判され、防衛政務次官の経験者としても肯んじえない日本の集団的自衛権の拒否は、じぶんのテリトリー以外では、たとえ、友軍が敵に襲われても助けないという身勝手なもので、こういうエゴが、戦後日本で、堂々とまかりとおってきました。そこから、同じ日本、同じ日本人でも、じぶんの住んでいるテリトリーさえ安全なら、援助はお断りという論理がでてくるのです。

橋下市長は、9条について「平和には何も労力がいらない、平和を維持するために自らは汗をかかないという主旨だ」「同じ国民のためしんどいことをやるとか、嫌なことでも引きうけるとか、そういう教育はうけてきたことがない。教職員組合や職員が僕らに憲法9条の価値観を徹底してたたき込んできたんじゃないか」とのべたといいますが、多くの人々が共感したのではないでしょうか。

西日本を中心に、多くの自治体が、瓦礫処理の受け入れを拒否しているなか、島根・広島・大阪・京都・石川・富山・静岡・長野・山梨・神奈川・東京・埼玉・千葉・群馬・新潟・山形・秋田・青森・北海道の19都道府県の市町村が、受け入れを表明しました。

これをもって、範としていただきたく思います。

静岡県島田市の桜井勝郎市長はこうのべておられます。

「東北で困っている皆さんのお手伝いをしたい。東海地震がおきたときにお世話になる可能性もある」

放射能汚染の懸念についても「ゼロなら一番よい。多少は出るけれど、何も心配ない」とも断言されました。

瓦礫処理の受け入れを拒んでいる自治体は、天災に襲われて、助けが必要になったとき、他の自治体に援助をもとめないつもりでしょうか。

そうであれば、きずなや心は一つ、ガンバロウ日本というスローガンは、他人事にすぎない、ことばの遊びだったことになります。

共同防衛を拒むエゴイズムは、結局、わが身を危険にさらすことと知っていただきたいと、切に願うところです。

いまこそ、百年、否、千年、二千年のスパンで日本の運命を考える転換期として、次世代に、日本のゆたかさをつたえてゆく覚悟を固めようではありませんか。

合掌。

【参考】

瓦礫処理の一考案として、昨年の6月16日、全国町村会に差し上げた手紙（要点のみ一部）を公開させていただきます。

全国町村会会長　藤原忠彦様
平素のご活動、常々、ご苦労さまでございます。

今回の東日本大震災に際しては、震災当日に協力本部を設置、その後、数々の救援・復興活動を実践、ご指導されているご様子、感服の至りであります。

（中略）

被災地の瓦礫処理につきまして、一筆申し上げます。

瓦礫処理は、被災地が機動力を喪失していることから停滞して、生活基盤の整備や復興への大きな障害となっております。

天皇陛下の「被災者のこれからの苦難の日々を、私たち皆が、さまざまな形で、少しでも多く分かち合っていくことが大切であろうと思います」というお言葉を重くうけとめ、地方六団体において、指導的におられる全国町村会に、被災地の瓦礫処理のご協力をしていただければ、被災地復興の一助になると思った次第であります。

つきまして、一村一台、一町二台、一市三台、それぞれの判断によって、被災地から瓦礫を地元に持ち帰り、処理願うことが可能であれば、瓦礫処理が進捗し、また、地方団体における被災三県への支援の絆がうまれ、かならずや、復興への大きなはずみになると信じます。

全国市町村に、一市、一町、一村による瓦礫の分散処理運動を呼びかける音頭をとっていただきたく、お願い申し上げる次第です。（福島の被爆瓦礫につきましては、別途国の方策に従う）

本来であれば、お訪ねして、お願い申し上げるべきことではございますが、緊急を要する事態にて、とりあえず、書面をもって、お伺い申し上げました。

何卒、御協議、御勘案のほど、よろしくお願い致します。

平成23年6月16日

元参議院議員　村上正邦

ブログその39

投稿日：２０１２年３月16日

被災地からつたえられた涙と元気、そして、石原都知事のエール

3月11日の日曜日、明治記念館でおこなわれた「3月11日祈りの日」式典は、１０００名に近い（予定６００人）方々に参列いただき、お蔭様で、成功裏に終えることができました。

ご支援、ご愛念いただいた皆さまに、深く感謝の意を表します。

東日本大震災より1年目にあたり、両陛下がご臨席された政府主催の記念式典が一部のかぎられた方々によって催されましたが、わたしどもが催した式典においては、多くの善良なる市井の人々が、大震災で亡くなられた方々を悼み、被災地への応援のため、一輪の花を手向けてくださいました。

3月6日の産経新聞の広告をご覧になって、多くの方々が、犠牲者慰霊の一心から、遠方からも、お越しくださいました。

お一人様一輪による、真心こもった、白菊の手向けという当方の願いが、多くの方々の心の琴線にふれたものと存じ、主催者として、まことに、本懐と致すところです。

当日、式典では、壇上に三つの祈りを掲げました。

追悼と鎮魂の祈り
大自然の神々への祈り
復興と国家新生の祈り

犠牲者の追悼と鎮魂の祈りに、二つの祈りをくわえさせていただいたのは、天災や災難、死という、抗うことのできないものをのりこえ、被災地の復興と日本の新生、そして、子どもたちの明るい未来を、大自然の神々に祈念するためです。

祈りは、考えや感情、ことばをこえています。

祈りによって、日頃、身勝手にふるまっているじぶんをこえたもう一人のじぶんを発見することもできます。

古来より日本人は、人智をこえた神々のはからいの下で自然に生きる「惟神《かんながら》の道」を大切にしてきました。

人道という思い上がったものを超越した、宇宙や地球、大自然の法則を神々に見立て、それを精神の中心に置き、世代や時代をこえて、つたえてきたのです。

その根幹にあるのは、森羅万象や祖霊、死者への畏敬の念です。

それは、祈りによって、じぶんのなかにすがたをあらわします。

わが国も、新嘗祭などの祭祀によって、国体が維持されています。

わたしは、「3月11日祈りの日」式典を国民的な祈念行事として、今後も、末永く、つづけてまいりたいと思います。

式典で、いちばん印象的だったのは、この「祈りの日」を知り、宮城県気仙沼市から駆けつけてくださいました「八幡太鼓ジュニアベストチーム」の皆さんのみごとな太鼓の演奏と5人の子どもたちを引率してこられた村上寿夫代表監督の挨拶でした。

村上監督、そして、太鼓を演奏してくださった子どもたちは、目の前で町が大津波に呑み込まれ、夫婦、親子、兄弟姉妹がひきさかれて、肉親や友の多くが亡くなった地獄のような光景を目撃し、その夜、寒さに震えながら、絶望と悲しみ、恐怖の一夜を過ごしました。

村上監督は、静かに、その体験を話され、何度も声を詰まらせました。

わたしも、会場の多くの方々も、悲しみを新たにして、共に涙しました。

大震災の炎にこの身を焼き尽くしてと、わたしは、詩に綴りました。

この悲しみ、苦しみ、悲惨さを被災者の方々と共にして、共に悲しみ、共に苦しみ、そして、復興にむけて、死に物狂いになって働きたいと切に願い、そのとき、われにその力を与え給えと、手を合わせて神に祈りました。

わたしと同姓の村上代表監督との出会いに、ご先祖の絆、運命の必然をかんじるとともに、わたしが計画した「3月11日祈りの日」式典が、大震災を体験された村上監督の切実なお話と会場の悲しみの涙、そして、大震災をのりこえて、みごとな太鼓を聞かせてくれた子どもたちのために用意されたように思えてまいります。

講演では、島田晴雄(千葉商科大学学長)先生が、被災地復興のために「太陽経済都市圏」建設という雄大な話をなさいました。

そして、政府の気力のなさ、行動力、構想力の乏しさを嘆かれました。

石原慎太郎東京都知事は、予定時間を大幅にオーバーする熱のこもった講演で、気力と行動力を力説されました。

開口一番、祈りなど役に立たない、行動あるのみという激越なことばに僧籍をもつ総合司会の木原秀成（国づくり人づくり財団理事長）さんも主催者のわたしも驚かされましたが、石原知事は、『法華経を生きる』（幻冬舎／２０００年）という本を書かれた宗教人でもあります。

講演のなかでも、法華経に殉じて、救民の旗を掲げた大坂町奉行所与力、大塩平八郎の乱にふれられました。

現代の政治家にもとめられているのは、大塩平八郎の死に物狂いの行動力です。

行動をおこそうという石原知事のエールが、ご自身へむけられていたように聞こえ、力強さをかんじたのは、わたしだけではなかったでしょう。

石原知事は、福島第一原発から帰京した東京消防庁隊員の活動報告会で、「ことばにできません。本当にありがとう」と涙を隠さず、深々と頭を下げられました。

政治家に必要なのは、死に物狂いの行動力と民の苦しみを共にするときに流れる涙ではないでしょうか。

わたしは、村上監督や石原知事の男の涙が、かならずや、腐ったような日本を、日本の政治を、立ち直らせてくれると、固く信じて疑いません。

合掌。

ブログその51

投稿日：２０１２年５月31日

祈りの聖地をもとめてみちのくの旅

東日本大震災の被災地仙台市みちのく杜の湖畔公園の近くに「祈りの塔」を建て、被災者の慰霊と神々の鎮魂、日本の復興と発展を祈念する国民的聖地を建設する計画をすすめています（東日本復活を祈る「絆の塔」建立実行委員会）。

モニュメントは、「祈りの塔」と「絆の壁」の複合構成で、塔のシンボルマークは、世界的なグラフィックデザイナー、シンボルマーク作家の一色宏先生にお願いして、すでに見事な作品が完成しています。

「絆の壁」は、現存する紀元前の「嘆きの壁」（ヘロデ大王時代のエルサレム神殿の丘の西側外壁の幅約57メートル）を模して、震災の瓦礫を焼き上げたブロックとレンガを積み上げる予定です。

ユダヤ人は、エルサレムの丘の西側に残された外壁の前に立ち、神殿が失われたことを嘆き、ここを礼拝の場所としました。

「嘆きの壁」の名称は、19世紀のヨーロッパ人が「ユダヤ人が嘆く場所」と呼んだことに由来します。

わたしは、瓦礫からつくった石の壁で「祈りの塔」を取り囲み、この壁を「絆の壁」と名づけて、大震災で亡くなられた犠牲者を偲び、失われたかけがえのないものに思いを馳せる場所にしたいと願っています。


大震災で失われたのは、人命や近代的施設だけではありません。

自然征服の上に成り立ってきた科学や文明が根こそぎひっくり返され、現代人が依存してきた現代そのものが失われたのです。

それ以前に、傲慢と我欲が、人間の真心を奪い去り、そこへ、神々の怒りが押し寄せてきたような気がしてなりません。

あの大震災が、人間の傲慢にたいする自然の神々の怒りと映ったのです。

天罰が下ったという短絡的な意味ではありません。

神々は、人間のちっぽけな存在を超越した、森羅万象の統合する存在であって、われわれ人間は、荒魂の猛威、生と死の輪廻の前で畏れるほかないのです。

そのことを、現代人は、忘れはてています。

祈りも嘆きも、人間のそのままの純心です。

そこから、正直や素直、強さ優しさ、謙虚や感謝、礼儀や慎ましさ、思いやりの心や和の心がうまれます。

それらはすべて、目に見えぬものと心をかよわせる、祈る心からうまれます。


「嘆きの壁」は、自我の壁でもあります。

その壁をのりこえて、はじめて、本当の自分に出会えるのです。

理性や科学から見る自然の営みや宇宙の法則は、一面の真理にすぎません。

自我からは、愛や和の心、希望は、見えてきません。

祈りは、理性や自我、合理主義をこえた人間本来の心で、いにしえより、人々は、自然や生に、祈りをとおして、向かい合ってきました。

「祈りの塔」と「絆の壁」は、そのことを、わたしたちに気づかせてくれるでしょう。

東日本復活を祈る「絆の党」建立実行委員会と春風の会のメンバーは、5月9日の朝、新幹線で仙台へ、仙台から車で「祈りの塔」建設予定地の「国営みちのく杜の湖畔公園」へ向かいました。

同公園は、釜房ダム湖畔の広大な敷地に広がる東北唯一の国営公園で、南地区と北地区に分かれています。

「祈りの塔」の建設予定地は、南地区と北地区の中間にある小高い丘で、仙台市・山形市・福島市から20~50キロ圏内（国道286号線）にあり、山形自動車道・宮城川崎インターのすぐそばです。

東に湖畔公園の展望が広がり、三方を美しい山稜で囲まれた川崎盆地の中央に位置する小高い丘は、空が間近にかんじられる聖地にふさわしい場所です。

土地を提供してくださる方は、宮城県内の10万坪の敷地に近代的な「みちのく路温泉湯治館そよ風」を建設中の佐藤俊一先生で、カイロプラクティックの世界的権威として知られ、仙台（春日町中央治療院）と東京（両国整骨院）に治療院をもち、東洋と西洋の医学を合一させた思想の下で、日々、治療にあたっておられます。

「みちのく復興支援センター絆の里」（旧国民年金健康保養センター「みちのく路」）の代

表もつとめられ、東日本大震災の救援支援活動のほか、絆の里で「神仏合同慰霊護摩供養」をおこなうなど、実業家にして慈善活動家として知られています。

一行は、この旅の途中、平泉中尊寺で、奥州藤原三代の栄華を偲びました。比叡山中山玄晋大僧正からご紹介いただいた菅野澄順執事長が直々にご案内して下さり、建造物の解説、平泉の義経にまつわる歴史話などを伺い、時のたつのを忘れました。

伊達家ゆかりの瑞巌寺では、同寺を復興して、東北を発展させ、中央政権を震え上がらせた伊達政宗の政治力、東北人魂に感銘をうけました。

現在、地方分権の拡大や道州制が叫ばれていますが、もともと、日本は、国体＝天皇の下に、藩という小国家が共存していた分権国家で、明治維新の中央集権化によって、壮大な官僚国家になったといえるでしょう。

旅の話は尽きませんが、旅行中、手帳に綴った句を紹介させて頂きます。

合掌。

たずね来し奥の細道蛙鳴く
新緑の光る金堂人の波
山荘は靄に囲まれ走り梅雨

五月雨や世の行く末は知り難く
友逝くや夏草茂るけもの道
みちのくや芭蕉の句碑に八重桜
みちのくの残雪の嶺々雲流る
赫日に悠然たるや峰の雲
いにしえを語る蛙や金堂

ブログ（自著）解説②

第2章　復興と再生を誓う

1　「3月11日祈りの日」を主催して感じたこと

3月11日は、日本人にとって、永遠に忘れられない日になりました。

大自然の脅威の前に、人間や文明社会が、いかにはかないものか、東日本大震災と福島原発事故が、日本人に、その現実を、まざまざと見せつけたのです。

わたしは、そのことに大きな衝撃をうけ、人間や文明、社会の在り方について、考えさせられました。

人間も文明社会も、大自然のてのひらにのった小さな存在で、宇宙から見れば、芥子粒以下の存在です。

にもかかわらず、文明や科学で、人間中心の万能社会をつくりあげた現代人は、自然を征服したかのような錯覚に陥っています。

東日本大震災や福島の原発事故は、その傲慢さにつきつけられた、自然からの警告ではなかったでしょうか。

戦後、日本人は、物質的な豊かさや生活の利便さ、贅沢をもとめて、欲望のおもむくまま、山を削り、川や海を汚し、そして、自然界には存在しない原子力をもちいた発電所をつくり、人類の手に負えない大事故をおこしました。

自然が、人間のために存在しているという西洋の傲慢な考え方に取り込まれて、自然にたいする畏敬の念や感謝の心、「足るを知る心」を捨ててしまったのです。

もともと、日本人に、自然を征服するという発想はありません。

それどころか、自然は、畏れ多い霊的存在で、祈りの対象だったのです。

自然の神々に祈る心から、礼節や親和、勤勉などの日本的精神、神々に生かされているという、謙虚な考え方がうまれました。

自然を神と見立てる宗教観にもとづいて、自然の支配に身をゆだね、自然の法則のなかで、つつましく生きてきたのです。

「自然と共生」ということばをよく耳にしますが、これは、人間を自然と対等にとらえる西洋人の考え方で、自然を霊的な存在として見る視点が欠けています。

わたしたち日本人は、祖先から、自然界に生かされていることに感謝し、祈ることの大切さを教えられてきました。

現代人の愚かさは、祈る心を忘れたその傲慢にあるでしょう。

祈る心を失って、自然や人生、世の諸々のことに向き合うことはできません。

ありがとうございます、ということばも祈りで、日本人の生活には、隅々にまで祈りの心がこめられています。

わたしが、３月11日を「祈りの日」として、記念式典を主催したのは、天地の神々の鎮魂、大震災犠牲者の慰霊、日本再興の祈念をとおして、日本人の祈る心を呼び戻したいと願ったからでした。

明治記念館で催した式典には、１０００人近い方々が集まってくださいました。

産経新聞の一頁広告を見て、参加されたという方から、祈る機会と場所をつくってもらって感謝しますということばをいただきました。

大震災に心を痛めた多くの人たちが、祈りを捧げたい一心から、遠方から足を運んでくださったのです。

そこに、わたしは、祈る心を大事にする日本人の真髄をみたような気がいたしました。

2　被災地に震災犠牲者を鎮魂する「祈りの塔」を

被災地に、「祈りの塔」をつくって、地元のボランティアの方々にその維持をお願いするという計画をすすめ、被災地の仙台に出向いて、土地をもとめました。

みちのく杜の湖畔公園の一角の高台に、被災者の無縁仏を弔った墓地をおつくりになった地元の佐藤俊一さんという整体医療院（春日町中央治療院）の院長が、1万坪におよぶ墓地公園土地の一部を提供してくださるというので、ここに、祈りの塔を建立することにしました。

あわせて、「絆の壁」をつくって、遺族の方が、御霊にご報告をなさり、あるいは遺族の方々同士の交流の場にしたいと思っています。

「東日本復活を祈る『絆の塔』建立実行委員会」の設立や地元グループとのタイアップも考えていますが、いずれにしても、政府や特定の宗教団体の援助にたよらない、有志一人ひとりによる運動にしてゆきたいと思います。

3　日本人の心の中には天皇の存在がある

天皇皇后両陛下は、国会議員より先に、被災地へ赴かれ、膝をお突きになって、被災者を慰められ、励まされました。

　そのおすがたに、被災者は、どれほど力づけられ、国民は、頼もしく思ったことでしょう。

　一方、国会議員の出足は遅く、なかには、地元であるにもかかわらず、放射能を恐れて被災地に近づかなかった有名議員もいたほどです。

　古来より、日本人の心のなかに、じぶんたちをまもってくださる天皇、天子様という存在があります。

　税金を取り立て、権力をふりまわす幕府や政府のはるか上に、神話からつながっている天皇という崇高な権威があって、日々、民の幸を祈っておられます。

　それが、天皇にたいする国民の思慕の原点で、天皇の権威は、国民の誠心にもとづいています。

　日本の国体は、権威と権力、国民の心の三位一体にあるといえましょう。

　わたしが国会議員になろうと思ったのは、間近で天皇にお仕えするのが、国政を担う政治家の本懐と思っていたからです。

　わたしは、石田基検事総長が先頭に立った元号法制化法案から、黛敏郎さんにお力をお借りした昭和天皇の「在位50年奉祝パレード」にいたるまで、国民的な皇室行事には、国会内で「ミスター皇室」と呼ばれたほど熱心に取り組んできました。

皇室主催のお茶会や園遊会などの行事には、率先して名乗りをあげ、新年の一般参賀に参加しなかったことは一度もありません。

幸いなことに、昭和天皇から、お声をかけていただいたこともありました。

「あ、そう」という柔和なおことばは、いまでも、心の中に残っています。

亡くなられた三笠宮寛仁親王からは、ゴルフに誘っていただき、KSD事件のさなかに御手製の花の置物まで頂戴して、心から、恐縮いたしました。

皇后様から、お褒めのことばをいただいたこともありました。

国会議員を引率して、ドイツのミュンヘンに行ったとき、子ども図書館を視察しました。そのとき館長から見せていただいた来訪者名簿に、皇太子、妃殿下時代の両陛下の御名がありました。

帰国して、調べると、日本に、国立の子ども図書館がないことがわかりました。

さっそく、大蔵省や国会図書館に掛けあって、建設準備にかかりました。

わたしが、目をつけたのが、芸大に払い下げが内定していた国会図書館の上野分室でした。

東大博士論文の書庫になっていた明治時代の建物ですが、子ども図書館としての由緒に申し分なく、上野の森という環境も好ましいので、大蔵省、建設省と掛けあって、予算をとり、安藤忠雄さんに設計を依頼しました。

第１期オープンの直前、園遊会で、両陛下が前を通られたとき、皇后様が、お足をお止めになって、そのことについて、おことばを賜りました。

皇后様は、わたしが、上野に、子ども図書館の建設に尽力していたことをご存知だったのです。

そのとき、わたしは、直立したまま、瞬間的に、仮オープンのテープカットに御出でくださるように、申し上げました。

いまから思うと、無礼なふるまいでしたが、お越し賜りたい一心からでした。

改めて、宮内庁にお伺いを立て、宮内庁長官から承諾のお返事をいただき、皇后様が仮オープンにお見えになったときは、感激の余り身が竦む思いで、いまも、深く感謝しております。

本オープンの直前に、わたしは、ＫＳＤ事件で逮捕され、小菅の東京拘置所に収監されました。

のちに、皇后様がテープカットをしてくださったことを知り、胸を熱くいたしました。

収監された最初の夜、わたしは、まんじりともできませんでした。

両陛下が、わたしが逮捕されたことをお知りになって、嘆かれておられるのではないかと思うと、申し訳なく、情けなく、胸をかきむしられる慙愧のなかで、一夜を過ごしたのです。

わたしは、かつて、木下侍従から、こんな話を伺いました。

昭和天皇が摂政時代、シーメンス事件がおき、木下侍従が、政府高官逮捕の御認可をえるため、書類を持って執務室にはいると、天皇は、御璽を押印されるのをためらわれてテラスへでられ、「木下、このようなよこしまな事件がおきるのは、朕が不徳だからであろうか」と尋ねられたというのです。

その夜、陛下のそのおことばが、胸につきささって、わたしは、朝まてまんじりともできなかったのです。

天皇は、憲法の上で、国民統合の象徴として、政治から切り離されています。

ところが、実際は、憲法の規定以上の存在で、被災地をご慰問された天皇皇后両陛下と被災者、国民のあいだに交流した心は、象徴以上のものでした。

一方、多くの政治家は、選挙に当選することがいちばん大事で、国民の幸を祈っておられる天皇の御心をもっていません。

したがって、政治家は、最低限、国民の幸を願う天皇にお仕えするという忠君の心魂をもたなければ、真の政治家になることができないのです。

そのことに気がつかない政治家は、当選をもって、一人前の政治家になったような顔をして、ふんぞり返っていますが、選挙に勝っただけでは、代議員にすぎません。

わたしが「日本の司法を正す会」や「『政・官』監視オンブズマン委員会」を設立して、政界や官界、司法を正そうとするのは、国家試験や選挙にうかっただけで、国家を牛耳ることができるという権力者の短慮、思い上がり、傲慢を正すためです。

いやしくも、国政に携わるからには、天皇の御心を知り、天皇の臣下となって、滅私の精神で、粉骨砕身しなければなりません。

その心魂がなければ、いくら、国民のための政治を謳ったところで、所詮、選挙に勝つための方便でしかありません。

4　震災から立ち上がる「復興ビジョン」

明治記念館でおこなわれた「3月11日祈りの日」の式典には、1000人もの人々がお集まりになり、お一人お一人が、献花をおこない、祈りを捧げました。

講演には、石原慎太郎都知事と島田晴雄、東京千葉商大学長をお招きして、震災復興をテーマに、お話しいただきました。

石原知事からは、祈りよりも行動という檄がとばされ、島田先生からは、「東日本に太陽国家を建設しよう」という大胆な提案があり、震災防衛や震災復興に、日本のシステムが機能しなくなっている現状も、熱っぽく語られました。

政治や官僚システムが、機能しなくなったのは、使命感を欠いているからでしょう。防災や震災復興、エネルギーなどの国家的な政策には、危機感や使命感などの心がはたらかなければなりません。

日常業務を無難にこなすだけで、突発的な事がおきると想定外と逃げるのは、心構えができていないからで、大震災で無能ぶりをさらした政・官のシステム、東京電力にいたるまで、日本中が、気の抜けた炭酸水のような状態になっています。

昨年の6月、前の町村会会長に、日本中の町ぐるみ村ぐるみで、瓦礫処理を引きうけていただけないかと、呼びかけの手紙を書きました。

瓦礫処理は、被災地だけでは、とうてい、処理能力が追いつきません。

全国の町や村が、たとえ、トラック数台でも、瓦礫処理にあたってくれれば、被災地の負担が、それだけ軽減されます。

大震災の直後、心は一つ、きずなという美しいことばが、とびかいました。

ところが、全国町村会からは何の返事もなく、瓦礫の分散処理計画に、全国から反対の声が上がりました。

いつのまに、日本人は、物欲や目先の利益にしか関心のない、じぶんさえよければよい民族になってしまったのでしょう。

民主主義や個人主義、人権思想がゆきわたった結果、全体を見回す視野や全体の利益をもとめる心が失われてしまったように思えます。

復興のビジョンが、いっこうにできあがらないのは、政治家や役人に、国家を見据える視点や日本の将来を考える発想が乏しいからです。

満鉄初代総裁で、内務大臣、外務大臣、東京市長を歴任し、拓殖大学の学長でもあった後藤新平は、関東大震災後、東京の復興計画を立案して、東京を、パリやロンドンに負けない近代的な大都市につくりあげました。

大きなスケールでモノを考えることができないのは、人間の器が小さいからで、いまの政治家は、「大風呂敷」と呼ばれた後藤を見習うべきでしょう。

歴史は、歴史の事実ではなく、歴史上の人物を学ぶことにつきます。

現在の日本は、過去の偉人がつくりあげたもので、かれらは、国家という大きなスケールを胸に抱いて、政治の世界を大股で駆け抜けてゆきました。

大震災という国難にあたって、日本を、防災大国につくりあげようという、スケールの大きな政治家がでてこないことに、わたしは、失望を禁じえません。

わたしはいずれ、太陽国家日本を創る国民会議を提唱したいと思っています。

第3章　日本の司法を問う

ブログその5

投稿日：２０１１年6月23日

国税・検察の罠にかかった新進ベンチャー企業の社長

6月20日、「日本の司法を正す会」で、翼システム株式会社の道川研一元社長をお招きして、お話を伺った。

道川さんの話を聞いていて、東京地検特捜部や国税庁の捜査のすすめ方、立件の手口に、鳥肌が立つ思いであった。

脱税の対象は、当初、裏金の2億円余で、道川さんも容疑をみとめた。

ここまでなら、よくある脱税事件で、大きな問題になることはなかった。

ありふれた脱税事件が新進ベンチャー企業による巨額脱税事件となったのは、決算書に記載されている開発準備金が、所得隠しとみなされたためである。

翼システムは、中小企業向けの業種別パッケージシステムの開発・販売をおこなう会社で、自動車部門では、当時、業界ナンバーワンだった。

詳しいことは不案内だが、ソフトウェアの25%を準備金として積み立て、4年間の据え置き後、4年間で4分の1ずつ切り崩す準備金は、租税特別措置法に定められた制度で、なんらやましいものではないという。

これが、年間、7億〜8億円程度になったのは、従業員3000人の業界のトップ企業なら、当然であったろう。

国税と特捜部は、これに目をつけ、道川さんに、過去7年間の開発準備金の合計58億円が、故意の所得隠しだったとみとめさせようとした。

そのとき、道川さんに供述を迫った検察、国税のやり方は、驚愕の一言につきる。

道川さんが供述を拒むと、関係者を次々に逮捕、「つぎはおまえのカミさんだ」と脅したばかりか、国税の担当者は「この窓から飛び降りろ（自殺しろ）」とまでいったという。

道川さんは、国税庁OB（コンサルタント）の助言を容れて、国税庁に45億8000万円を仮納付している。

納税意思を示すためと、開発準備金が所得隠しとみなされた場合、延滞金利（16%）が加算されて、支払いが不能になる恐れがあったためである。

準備金は、租税特別措置法に定められた制度で、しかも、決算後に、納税を済ませている。

国税や検察が、開発準備金を脱税とみなして、とりあげるとは、思いもしなかったのである。

ところが、司法は、検察の主張どおり、準備金を脱税とみとめ、道川さんの異議申し立てを退けて、この45億8000万円を丸々取り上げた。

そして、2005年12月、最高裁が上告を棄却、道川さんは、2006年5月に収監、2007年6月に仮釈放されるまで、11か月の長期勾留にくわえて、1年余の懲役を科せられた。

準備金を税務上の損金とする法律をつくっておき、国民が、その法に則って準備金を積み立てると、脱税だといって逮捕、全額を取り上げて、本人を刑務所に送り込む。

呆れてモノがいえないというより、ぞっとするようなゲシュタポ捜査、暗黒裁判ではないか。

わたしが思うに、国税庁は、道川さんが、当時、銀行に頼みこみ、工面してつくった45億8000万円を全額取り上げるべく、検察と手を組んで、道川さんをハメたのではないか。

何のためか？

出世のためである。

役人には、出世だけが、人生の目的である。

そのためには、手段をえらばない。

仄聞するところによれば、役人は、１年間に何十億円も稼ぐ企業家に、狂おしいほどの嫉妬をかきたてるという。

かれらは、私怨を晴らすために、権力を私物化するのである。

国税庁と検察のチームプレーは、田中角栄氏のロッキード事件から、延々とつづいてきた。

経済事件は、検察がシナリオを書き、起訴から有罪判決、資金没収から当人の収監まで、そのシナリオどおりに事が運び、マスコミは、当局発表をそのまま垂れ流す。

道川さんは、冤罪闘争はおこなわず、今後の人生を、事業に捧げるという。

人には、それぞれ、生き方があり、他人がとやかくいうべきことではないが、被害者が、不正を糾さなければ、国税・検察・司法は、権力の牙城で、腐りつづけてゆくだろう。

合掌。

政治評論家、山本峯章氏のブログに興味深い指摘があったので、ここに転載させていただく。

大物政治家の逮捕・起訴が条件となった検事総長の椅子

検察・法務人事、とりわけ、検事総長人事に、政治家の逮捕・起訴という実績が条件となったのは、東京地検出身の布施健検事総長が指揮をとったロッキード事件以後である。

東京地検は、1968年の日通事件で、昭電事件を担当した河井信太郎（東京地検次席）が内紛で失脚した後、長きにわたって、鳴かず飛ばずの部署だった。

だが、日通事件の8年後、突如、ロッキード事件が世に出て、東京地検は、一躍、花形部署となった。

布施が、田中角栄の逮捕・起訴に執念を燃やしたのは、大物政治家の逮捕が、東京検察の存在理由で、かつ、出世の王道と信じたからである。

そこから、大物政治家の逮捕・起訴が出世の条件となる暗黙のしきたりがうまれた。

事実、布施のあとの検事総長は、布施（9代目）とともに角栄逮捕に貢献した神谷尚男（10代目）が就き、11代目は、ロッキード事件の公判を指揮した辻辰三郎にお鉢が回った。

12代目の安原美穂は、当時の刑事局長で、ロッキード事件のストーリーは安原が書いたといわれている。

13代目の江端修三（最高検検事）と20代目の北島敬介（東京地検検事）も、ロッキード事件解明の功績で検事総長になったが、もっとも華々しい活躍をしたのが、角栄運転手のアリバイ崩しと政治資金の5億円を賄賂にすりかえた伊藤栄樹（14代目）と主任検事の吉永祐介（18代目）、そして、丸紅の伊藤宏専務から角栄逮捕にむすびつく供述をひきだした松尾邦弘（22代目）であろう。

原田明夫（21代目）と但木敬一（23代目）も、在米日本大使館1等書記官、米国留学検察官として、アメリカからの裏づけ資料収集に功績があった。

歴代検事総長は、角栄逮捕という功績を小分けにして検事総長という出世街道を上ったわけで、リクルート事件の功績による検事総長がすくないのは、大物政治家の逮捕・起訴がなかったからである。

だが、角栄逮捕の功績による検事総長への出世切符も原田や但木あたりで尽きて、検事総長になるのは、新たに、大物政治家の逮捕が必要となった。

新任の笠間治雄（26代目）には、大物政治家の逮捕をとりこぼしたリクルート事件以外、村岡兼造（日歯連闇献金事件）の不当逮捕や石川知裕代議士（小沢問題）の強引な逮捕があるだけだが、いずれも、功を焦った権力の濫用と批判を浴びた。

新聞報道によると、唯一の功績がＫＳＤ事件による村上正邦逮捕だが、これが、冤罪であることは、心ある者だれもが承知している。

検察というアンタッチャブルな最高権力が、出世を唯一の善（検察文化）として、思うがままにふるまっているのが、司法後進国・日本のすがたなのである。

ブログその15

投稿日：２０１１年9月13日

先入観が司法の目を曇らせたゴビンダさんの冤罪

第38回目の「日本の司法を正す会」は、８月31日、「東電ＯＬ殺人事件」の冤罪を訴える客野美喜子さんと今井恭平さんをゲストにお招きしました。

客野さんは、「無実のゴビンダさんを支える会」の事務局長として、今井さんは、同会の中心的存在として、長年にわたって、ゴビンダさんの冤罪を晴らす活動をつづけておられます。

「東電ＯＬ殺人事件」は、容疑者逮捕、勾留、刑の確定にいたるまで、特異な経過をたどりました。

冤罪というより、法務当局の不当な手続きによって、むりやりに有罪がつくりあげられたという印象さえうけます。

1997年、東京都渋谷区の繁華街で、東京電力の女性社員が殺害された事件で、ゴビンダさんに、容疑がかかりました。

被害者は、売春婦というもう一つの顔をもっており、売春をとおして、ゴビンダさんと接触があったからです。

ゴビンダさんは、殺人事件の犯人として逮捕され、裁判にかけられました。

そして、3年にわたる公判の結果、東京地裁において、無罪判決をうけましたが、その後も、身柄は、拘束されたままでした。

控訴した検察側が、裁判所にゴビンダさんの勾留をもとめ、最終的に、これがみとめられて、ゴビンダさんは、無罪になったにもかかわらず、再勾留されたのです。

無罪確定後の再勾留（職権発動）は、たとえ、検察が上訴しても、あってはならない話で、げんに、東京地裁は、東京地検の要請を却下しています。

すると、検察側は、こんどは、東京高裁へ勾留の要請をおこないます。

東京高裁（第5特別部）も、検察側の要請を退けました。

勾留は「罪を犯したと疑うに足りる相当な理由」がある場合にかぎられます。

ゴビンダさんの場合、3年間の審理の結果、無罪となっているので、これに該当しません。

ところが、異変がおきます。

検察側（東京高検）が3度目の要請をおこなうと、東京高裁（第4刑事部）が、あっさりと、再勾留をみとめてしまうのです。

東京高裁控訴審の担当部が、第5特別部から、第4刑事部にかわって、すぐのことでした。

東京高裁第4刑事部の部長は、高木俊夫という裁判官です。

この人は、のちに、ゴビンダさんに逆転有罪（無期懲役／2000年）を言い渡す裁判長で、狭山事件の再審請求棄却（1999年）や足利事件の控訴棄却（無期懲役／1996年）をおこなったのも、この人です。

東京高裁の高木俊夫裁判官は、裁判長として、本件の他にも、最近、話題になった冤罪事件に、深くかかわっていたのです。

高木俊夫裁判官の東京高裁（第4刑事部）が、ゴビンダさんの再勾留をきめた経緯をふりかえってみましょう。

東京高裁控訴審の担当部署が、第5特別部から、第4刑事部にかわったのが2000年の5月1日で、東京地裁から3年にわたる膨大な公判資料をうけとったのも、この日です。

そして、翌5月2日に、再勾留を宣言しています。

3年におよんだ裁判の全記録をたった1日で読むことは不可能でしょう。

東京高裁第4刑事部は、はじめから、ゴビンダさんの有罪をきめてかかっていたと思わざるをえません。


そこから、日本の司法の欠陥が見えてきます。

裁判官個人や担当部署の思い込みや見込みが、公明であるべき審理を歪めているのです。

冤罪は、そこから、うまれます。

7月21日付の読売新聞によると、ゴビンダさんの再審請求審で、東京高検が、被害者の体から採取された精液のDNA鑑定をおこなった結果、ゴビンダさんのものではなかったことが判明したといいます。

しかも、この精液は、DNA型が、殺害現場に残された体毛と一致したのです。

被害者は、殺人がおこなわれた現場で、ゴビンダさん以外の男性と接触していたのです。

「被害者が（ゴビンダさん以外の）第三者と一緒に現場の部屋に入室したとは考えがたい」とした二審判決に、決定的な誤りがあったのです。

もともと、二審の有罪判決は、重大な矛盾をかかえていました。

２０００年4月の一審で、東京地裁は「被害者が第三者と現場にいた可能性も否定できない」として、ゴビンダさんに無罪を言い渡しました。

ところが、同年12月の二審で、東京高裁（高木俊夫裁判長）は、「被害者が第三者と現場に立ち入った可能性は考えられない」と、一審とは逆の判断を示しました。

逆転有罪とした根拠は、裁判官の心証と状況証拠だけです。

そして、最高裁（藤田宙靖裁判長）がこれを支持して、03年11月、刑が確定しました。

証拠がないので無罪が、裁判官の心証によって、証拠がないにもかかわらず有罪へ、変わったのです。

刑事事件の場合、証拠は、捜査にあたった捜査当局が独占します。

その検察が、物証を何一つあげることができなかったばかりか、読売新聞や弁護側によると、42点にのぼる不利な証拠を隠していたといいます。

被害者の体内に残っていた精液のＤＮＡ鑑定などは、公判前に公表していれば、有罪判決がでなかったでしょう。

検察側が隠していた決定的な証拠のなかに、被害者の口腔や胸から採取されたゴビンダさん以外の唾液があるといいます。

もし、これが、ゴビンダさんのものだったら、検察は、新証拠として、よろこんで、裁判所に提出していたでしょう。

ゴビンダさんのものではなかったので、開示を控えたというのでは、司法の公明さが、根本から、疑われます。


盛り場における流しの犯行であれば、犯人検挙は、むずかしいでしょう。

それでも、犯人を挙げられなければ、無能と批判されます。

とくに、「東電ＯＬ殺人事件」では、被害者が、東京電力のエリート社員でありながら、日常的に売春をおこなっていた特異な人物で、マスコミが、過激な報道をくりひろげていました。

警察・検察は、是が非でも犯人を捕まえ、一件落着としたかったでしょう。

「東電ＯＬ殺人事件」の場合、ゴビンダさんが犯人であることが、警察・検察にとって都合がよかったという事情がはたらいていなかったと、はたして、いいきれるでしょうか。

この事件では、動機や証言、事実関係に、未解明な部分がすくなくありません。ところが、高裁は「未解明であるからといって、被告人の犯人性が疑われるという結論にはならない」と切り捨てています。

裁判は、人間がおこなうものですから、かならず、まちがいがあります。司法改革の要は、このまちがいを避ける方法を用意することにつきます。憲法違反（「無罪とされた行為については刑事上の責任を問われない／39条」）の検察上訴を制限する一方、再審請求や被告人控訴、異議申し立てにたいして、第三者的な機関を設けて、審理の公明性を高めることが必要でしょう。

仄聞するところによれば、検察側は、ゴビンダさんの再審請求に「意地でも負けられない」と徹底抗戦の構えといいます。

何のための司法なのか、と暗然たる気持ちになります。

ゴビンダさん再審については、また、ご報告の機会があるでしょう。

合掌。

ブログその27

投稿日：２０１１年11月30日

政治の貧困が招いた判検癒着と公権力の横暴

11月17日、元衆院議員の山口敏夫さんと弁護士で参院議員の丸山和也さんをお迎えした第40回「日本の司法を正す会」では、お二人の体験にもとづいた司法批判がくり広げられました。

昨年9月、那覇地検は、尖閣列島沖で海上保安庁の巡視船に体当たりをくり返して逮捕された中国人船長を超法規的に釈放しました。

丸山議員は、このとき、政治的にうごいたとされる当時の官房長官、仙谷氏に、電話で釈明をもとめ、参院決算委員会で、談話の内容を公表しています。

仙谷氏は「船長を起訴すればＡＰＥＣが吹っ飛ぶ（同年11月横浜開催）」と政治的圧力を行使したことをほのめかせ、丸山議員の「日本は中国の属国ではない」という抗議に、「（中国による日本の）属国化はいまにはじまったことじゃない」と言い放ったのは、周知のとおりです。

丸山議員に暴言を公表された仙谷氏は記者会見で「いいかげんな人のいいかげんな発言」「仲間（弁護士）内の私語を外にバラすような人は信用できない」などと丸山議員を誹謗しました。

これにたいして、丸山議員は、名誉を毀損されたとして、仙谷氏に３０００万円の損害賠償などをもとめる民事裁判（東京地裁で3回開廷）をおこしました。

仙谷氏は、暴露された発言を「仲間内の私語」と弁解しましたが、丸山議員は、仙谷氏と面識がなく、抗議の電話で、数回、ことばをやりとりしたことがあるだけといいます。

丸山議員と旧知の間柄であるかのように装ったのは、「いいかげんな人」という個人攻撃のための詭弁で、仙谷氏の狡猾さがうかがえます。

丸山議員は「不法行為を隠蔽するため、わたしの人格を社会的に抹殺しようとした」と憤慨されましたが、裁判をおこした理由は、感情問題からだけではありません。

丸山議員は〝隠れ指揮権〟ということばをもちいました。

「法務大臣が検事総長に発動する指揮権は、合法的で、責任の所在も明らかだが、権力を不当にもちいて、法をねじまげる〝隠れ指揮権〟は、国家を危うくする」というのです。

丸山議員は、菅前政権の内閣官房参与だった松本健一氏が産経新聞のインタビューで「釈放は仙谷氏らの政治判断によるものだった」と述べたことを挙げて、「法律にもとづかない裏の指揮権発動がおこなわれたのは明らか。刑法の公務員職権乱用罪にあたる」と法廷闘争をとおして、隠れ指揮権を弾劾してゆく決意を表明しました。


わたしは、丸山議員の話を聞いて、宗教法人への非課税問題や全国一斉の地方条例「暴力団排除条例」を思いうかべました。

矢野絢也さんの『乱脈経理　創価学会 vs.国税庁の暗闘ドキュメント』（講談社／2011年）によると、竹下元首相の圧力によって、国税庁は、創価学会への課税を手控え、「暴力団排除条例」は、メディア（『週刊金曜日』など）の情報によると安藤隆晴前警察庁長官（10月に辞任）のつよいはたらきかけがあったといいます。

三権（立法・行政・司法）は、いずれも、独立していなければならず、三権の内のいずれかが、他の権力を侵すと、近代国家は、根底から瓦解します。

丸山議員は、隠れ指揮権を三権分立にたいする侵犯ととらえ、これをゆるすと、法治国家の枠組みが崩壊すると指摘しました。

政治が、陰で検察に圧力をかけても、逆に、警察・検察の圧力に屈しても、国家のルールは、麻のように乱れて、結局、公権力の横暴だけが残ることになるでしょう。

今回の「日本の司法を正す会」のテーマは「判検交流」で、起訴や裁判の公正性や三権分立の原則に反する判事（司法）と検事（法務）の交流（癒着）に批判が集中しました。

法務省に属する検察（行政権）と独立権の裁判所（司法権）は、三権分立の上では、別の組織です。

にもかかわらず、広義における司法の名の下で、判検交流が公然とおこなわれているのは、司法試験をパスした法曹同士という意識がはたらいているからでしょう。

三権分立の上で、分離されている判検が、同一の資格をもつエリート法曹として、心情としても、制度としても、つながっているのです。

起訴便宜主義をとっている日本では、検察の起訴有罪率が99％にもたっしています。

検察の判断によって、無罪か有罪かがきまるのは、裁判所が検察の言い分を99％みとめるからで、裁判所が検察の調書を尊重して、事実上の後追い判決となっているのです。

現行犯以外の逮捕に必要な逮捕状申請にも、裁判所は、99%応じています。検察の標的となった被疑者は、99%の確率で逮捕され、99%の確率で有罪となるのは、日本の検察・司法が一体化しているからです。

裁判所は、検察にたいするチェック機能をもっていないのです。

その上、判検交流と称して、判事と検事が業務を相互乗り入れして、三権分立が十全に機能するはずはありません。

判検交流は、判検癒着という馴れ合い体質の上にできあがった制度で、社会的体験を広げるため、互いに社会的見識を深めるためというのは、あとからとってつけた理由でしょう。

丸山議員のあと、山口さんが、やや、過激な調子で、司法を批判しました。

検察が目をつけて、逮捕・起訴をおこなうと、自動的に有罪となる仕組みの日本に、司法の独立などないというのです。

丸山議員は、かつて、法務委員会（平成22年）で、当時の千葉景子法相に判検交流について質しています。

山口さんは、質問するだけでは、不十分といいます。

判検交流の中止をもとめ、実際に、やめさせて、はじめて、政治が行き過ぎた法権力に太刀打ちできるようになるというのです。

検察庁と裁判所が一体となった根源は、判検弁統一の司法試験でしょう。

現在、日本では、判事検事登用試験と弁護士試験が統一（大正12年）されて以後、判検弁の進路とかかわりなく、司法試験（高等試験司法科）によって同一の資格があたえられています。

司法試験をパスしてから、検事になるか判事になるか、弁護士になるかをきめるのです。

これでは、志のある検事や判事、弁護士がでてくるわけはありません。

退官した検事や裁判官が弁護士になるのも、法曹資格の濫用で〝ヤメ検〟〝ヤメ判〟が、裁判の公正性を害っているとの指摘もあります。

山口さんは、政治の非力さを嘆きます。

検察・司法が一体となった過度な法権力の前に、国民の代表である政治が、あまりに、無力なのです。

法権力が、東大法学部の学閥と司法試験の下で、磐石な体制をつくりあげたのにたいして、政治は、政党がいがみあっているばかりか、党内でも、足のひっぱりあいをしています。

法権力に従順であることが、政治家の本分と考える者も少なくありません。

これでは、政治が、法権力に従属するものになってしまいます。

立法権は、法の主人であって、従者ではないということを忘れているのです。


近代国家の3要素は「民主主義」「法治主義」「三権分立」です。

民主主義は、国民にえらばれた代議員が政治をおこなうことで、政治家には国民の意思が託されています。

国民の代表で、立法を担う政治家が、法権力の横暴に屈しては、民主主義の本分に悖ります。

法治主義とは、法を遵守することだけをさしません。

立法・法の施行である行政・司法の三権による政治のことです。

三権分立は、立法、行政、司法が監視しあって、三権が健全に機能するように図ることで、行政が、立法権や司法権を蔑ろにする地方条例をつくって国民を支配しようとするのは、法治主義の根本精神にも三権分立にも反します。

法には、権力の制限条項と異議申し立て条項が付帯しています。

越権的で、抗告をゆるさない法や条例の下で、警察が強権をふるっては、警察国家、ファシズム国家になってしまうでしょう。

わたしは、近代国家の3要素が崩れかかっている原因を、あえて、政治家にもとめたいと思います。

国家を背負った政治家に、国民の代表としての自覚、自信、気迫が乏しいので、国会における政党の代表質問を、検察や司法に干渉されて、政治家が頭を下げてしまうような立法権の自己否定がまかりとおるのです。

あるいは、検察の標的となった政治家が、99％という高い確率で、逮捕や有罪判決の制裁をうけるのです。

現在、日本では、法治主義の原則から、司法が最終審判者になっています。

その司法に、検察・警察がつらなっているところに、日本の権力構造の大きな問題があるのではないでしょうか。

政治権力は、「国会は国権の最高機関であって、国の唯一の立法機関である」とする憲法（第41条）にもとづき、国会議員は「国会は、衆議院及び参議院の両議院でこれを構成する」「両議院は、全国民を代表する選挙された議員でこれを組織する」とする憲法（第42条／第43条）上の規定によって、国権に参与します。

そして、政府は、「行政権は、内閣に属する」という憲法（第65条）に遵って、行政権を行使します。

その土台になっているのが、「両議院は、全国民を代表する選挙された議員でこれを組織する」と憲法（第43条）にあるとおり、選挙です。

政治権力は、国民の信任によってうまれるもので、民主主義と普通選挙法の下にある国会議員は、一定期間、権力を預かるだけで、落選すると、権力から離れます。

恒常的な権力を行使できるのは、選挙の洗礼をうけずに、権力を行使する行政（検察・警察・官僚組織）や司法（裁判所）で、この二者がむすびついたとき、権力は、絶対化します。

そこに、行政と司法の相互監視を否定する「判検交流」の危険性があります。

国民の人気投票でえらばれてくる一部の政治家が非力なのは、見識、志がそなわっていないせいもあるでしょう。

志や資質ではなく、マスコミや国民的人気の高い人、親の地盤をうけついだ人が当選してくる現状では、当然のなりゆきです。

といっても、政治家に託す以外、日本を躍進させるすべはありません。

山口さんは、国会議員ＯＢの会をつくって、現役の政治家を教育し、動かすべきと述べられました。

一理あるでしょう。

過去の政治家の経験的遺産は、家系や政党、派閥で、一部、継承されているでしょうが、一般的には、世代間に断絶があって、過去の実績が現在にひきつがれていません。

これでは、政治が力をともなわないお飾りになって、権力が、選挙の洗礼をうけない公権力に集中するばかりです。

新しい政治を胎動させるには、現在の政治家に、現役を退いた政治家の経験や知恵、力強さをひきついでもらう必要があるでしょう。

大衆に媚び、新奇なものをもとめ、過去を否定しては、日本の政治は、いつまでたっても、霞が関に翻弄されつづけるだけです。

「中曽根元総理を囲む勉強会」では、若い国会議員が、目を輝かせて、元総理の講話に聞き入っています。

判検交流の弊害も公権力の横暴も、元をただせば、政治の貧困にあるというのが、お二人の論客をお迎えした今回の会の結論となりました。

合掌。

3月11日を「鎮魂と日本の復活を祈る日」にしましょう。

ブログその28

投稿日：２０１１年12月５日

国民の自由権と平等権を奪う「暴力団排除条例」

「日本の司法を正す会」が催した勉強会で、作家の宮崎学さん、政治評論家の山本峯章さん、ジャーナリストの方々、実際に条例の適用をうけた人たちなどが、「暴力団排除条例」について、意見を交換しあいました。

冒頭、「朝まで生テレビ！（激論！暴力団排除条例と社会の安全）」に出演予定の宮崎さんは、暴排条例に反対すると「暴力団の味方をするのか」という筋ちがいの意見がでてくる、とこの問題のむずかしさを指摘しました。

憲法に抵触する暴排条例が、全国の地方議会で、次々に可決されたのは「暴力団の味方をするのか」という俗論におされたためでしょう。

山本さんは、国民が取り締まりにまきこまれる事態になって、暴排条例は、暴力団の問題から、政治問題になったと分析しました。

わたしも同感で、暴排条例の最大の問題点は、規制の対象が、暴力団（員）ではなく、一般国民、とりわけ、女性や子どもにむけられているところにあります。

憲法で保障されている国民の自由や平等が、地方条例に侵犯されているのです。

暴力団（員）と共益関係をもった一般国民から名誉と仕事を奪い、村八分にするというやりかたは、憲法や法の精神と相容れない私刑の思想です。

暴力団を取り締まるのなら、暴力団対策法の改正や破壊活動防止法の適用を視野にいれた暴力団対策を練るべきで、国民をまきこむ必要はありません。

暴力団封じ込めの名目で、暴力団（員）ではなく、からめ手をもちいて、一般の国民を罰するのは、法の根本をふみちがえた行政権力の暴走でしょう。

警察は、「反社」「密接交際者」「暴力団関係者」「努力義務規定」「表明確約」などの造語をもちいて、暴排条例に法的効果をあたえていますが、一般国民には、これに対抗する手段があたえられていません。

法律なら、抗告や反訴、異議申し立てなどの対抗手段がとれます。

しかし、条例では、その手立てをとることができません。

しかも、事実上の罰則が、氏名の公開という、報復的な人権・人格攻撃です。

暴力団関係者として、氏名を公開された場合、入札拒否や取引停止、個人や商店なら、不良店のレッテル貼りによって、営業権・生活権を侵害され、場合によっては、生存権までが脅かされます。

条例による事実上の処罰が、法律や裁判の手続きをとらない警察の独断（推認）というのでは、江戸時代や治安維持法の下にあった戦前より野蛮ではないでしょうか。

宮崎さんの親戚（九州）の土建業者は、抗弁の機会もあたえられずに氏名を公表されて、入札から締め出され、廃業に追いこまれたそうです。

関西では、暴力団への車の販売が利益供与にあたると、警察から責め立てられ、「淀川にとびこんで死ね」などと、罵詈雑言を浴びせかけられた人もいたといいます。

暴力団とかかわりをもったとされる業者が抹殺される一方、暴排運動に協力的な業者は、入札で、優遇されます。

これでは、密告の横行が懸念されるほか、警察官の推認が「闇の権力」になってしまいかねません。
推認に誤りや作為があっても、悪意の密告であっても、標的になった者が泣き寝入りするほかないのなら、暗黒社会の到来です。
警察が配布している資料によると、暴力団関係者の定義は、以下のとおりです。
暴力団（員）と密接な関係を有する者
暴力団（員）が代表をつとめる法人に属する者
暴力団（員）を雇った者
暴力団（員）を利用していると認められる者
暴力団（員）の維持、運営に協力し、関与したと認められる者
暴力団（員）を利用していると認められる者、組織の維持、運営に協力し、関与したと認められる者という判断には、客観的な基準がありません。
認められるというのは、「推認」によるということでしょう。
行政の一部門にすぎない警察に、企業や商店にたいする生殺与奪の権利があたえられてよいものでしょうか。

この書類には、「暴力団と交際していると噂されている者」「暴力団と一緒に写真を撮った者」「幼なじみの暴力団と交際している者」「暴力団員と結婚を前提に交際している者」「暴力団員の家族や縁者」については、そのことだけで、暴力団員関係者と認定しないと断り書きがあります。

犯罪者でもないかぎり、警察の認定対象になる道理はありません。国民の身分は、憲法によって保障されるもので、警察から認定してもらうのではないからです。

警察は、上記の人々を、グレーゾーンにおいているようにみうけられます。噂が本当かどうか、なぜ一緒に写真を撮ったのか、幼なじみの間柄をこえていないか、結婚を前提として交際しているかどうか、家族や親戚が利害関係におよんでいないかどうかは、私生活の範囲にあります。

警察が私生活に立ち入って、胸三寸で、暴力団関係と推認するようなことになっては、特高や秘密警察の復活です。

暴排条例が、国民を標的にしているなら、大きな政治問題になりましょう。政治は、国民をまもる使命を担っているからです。

暴排条例を国会でとりあげるべきと思うのは、行政や司法が、国民の自由と平等を脅かしたとき、国民の代表たる立法（政治）が、最後の砦にならなければならないからです。立法権を侵犯する法令の跋扈をゆるすと、三権分立と民主主義、法治主義の原則が崩れて、行政や司法だけに都合のよい暗黒社会が出現することになります。

政党政治が、軍部によって、骨抜きにされた戦前の日本が、そうでした。内務官僚・軍部官僚が国家の舵を握って、日本は、軍国主義国家、ファシズム国家へむかっていったのです。

そして、世界を敵に回し、無計画な戦争へ突入して、国民に塗炭の苦しみを味わわせました。

暴排条例に無関心な国会議員、かかわりを躊躇している政治家も少なくありません。人権運動に熱心な市民グループや人権弁護士も、声を上げようとしません。暴力団の味方をしているという中傷をおそれているのでしょうか。

それでは、軍部から、非国民と謗られるのをおそれて沈黙し、軍部の暴走をゆるした戦前の政治家やマスコミとかわるところがありません。

この原稿をまとめているとき、大阪府知事・大阪市長統一選挙で、「大阪維新の会」の橋下徹さんと松井一郎さんが圧勝したというニュースがとびこんできました。

橋下さんは、当選の挨拶で、行政にたいする民意＝政治の優越性を明言しました。

それが、民主主義の原則で、行政や司法が、民意を代表する政治や憲法をとびこすことはゆるされないのです。


さて、警察の文書には、「努力義務規定」ということばがあります。

相手が、暴力団員かどうか、確認する義務のことです。

住民には、取引相手が暴力団関係者ではないことを確認する「表明確約書」が必要ともいいます。

そんなことは、現実的に、不可能でしょう。

日本の社会には、相手の身分や身元をたしかめる習慣も方法もないからです。

警察官に相談しろといっても、取り引きのたび、相手の身元確認のため警察へ出向いては、信頼関係から成り立っている社会通念が崩壊してしまいます。


警察は、特約条項に応じなかった利益供与違反には、事業者と利益をうけた暴力団関係者の両方の氏名を公表するといいます。

ところが、この罰則には、法的根拠がなく、暴力団関係者の定義もはっきりしません。

法的根拠がないのに氏名公表という罰則をあたえ、合法的な団体に所属している者や接触者を、条例の名の下で差別して、はたして、法治国家といえるでしょうか。

暴力団組織が、破防法の適用をうけた非合法団体なら、接触した者や関係者が「規制対象者」になるケースもでてくるでしょう。

ところが、今回の条例には、非合法の認定がありません。

法の裏付けのないまま、関係者や接触者を「規制対象者」にするのは差別でしょう。

差別の対象になるのは、暴力団員の家族や子どもです。

暴力団員の家族は、銀行口座もつくれず、就職もできず、商売をはじめようにも、店舗を借りることもできません。子どもは、幼稚園や私立学校の入学を拒否され、はいっても、差別やイジメの対象になります。

結局、暴力団関係者は、生活保護にたよらざるをえなくなる状況がうまれます。

暴力団追放は、暴力団関係者から生活の糧を奪うことでしょうか。

暴排条例は、ズサンで、粗っぽい条例なので、現場では、どう処理してよいかわからずにいるといいます。

まして、規制される国民には、対処の方法がわかりません。

企業が、警察へ相談に行くと、警察官ＯＢの受け入れを要請されるといいます。

暴排条例と警察官ＯＢが、引き合いになっては、規制や罰則をきびしくするほど、警察官ＯＢの受け入れ先がふえることになって、モラルの崩壊がおきるでしょう。
「日本の司法を正す会」では、近日中、再度、勉強会をもつ予定です。
今後、政治家の奮起を待ちたいと思います。

合掌。

3月11日を「鎮魂と日本の復活を祈る日」にしましょう。

ブログ（自著）解説③

第3章　日本の司法を問う

1　大物政治家逮捕に奔走する検察の真意

平成24年7月12日、ホテルニューオータニで、「日本の司法を正す会」の5周年記念講演とシンポジウム、懇親会を催しました。

亀井静香衆院議員と丸山和也参院議員の講演と評論家の西部邁さん、佐高信さん、作家の宮崎学さんのシンポジウムという構成で、活気のある熱っぽい内容になりました。

現在、警察や検察、司法は、「法の番人」である以上に、法権力の牙城となっている感があります。

東大法学部を中心にした国家公務員1種と司法試験合格者による日本一のエリート階級の内部では、熾烈な出世争いがおこなわれ、とくに、検察庁内では、大物政治家を挙げた検察エリートが検事総長に就任するという不文律が、ロッキード事件以来、延々とつづいてきました。

げんに、前検事総長の笠間治雄氏は、ＫＳＤ事件でわたしを受託収賄容疑で逮捕・起訴した当時の東京地検特捜部長であり、わたしを取り調べた井内顕策副部長は、のちに、特捜部長に昇進しています。

ＫＳＤ事件は、わたしが、「ものつくり大学」の設立を目指していたＫＳＤ創立者の古関忠男氏から請託を受けて、代表質問でこれを取り上げ、見返りに５０００万円の供与を受けたというつくり話です。

執行猶予を条件に、嘘の自白調書にサインした古関氏は、公判廷で「このままでは死に切れない」と請託の容疑を否定しましたが、受け容れられず、わたしは、２年２か月の実刑判決に服することになりました。

出世レースに、政治家の逮捕を条件付けるのは、特捜部の常套手段で、検察庁の恐るべき思い上がりです。

「日本の司法を正す会」は、『週刊金曜日』とタイアップして、これまで、50件以上の冤罪事件や不当捜査を告発してきました。

今後も、「日本の司法を正す会」は、ねばりづよく活動をつづけ、出世のために他人を餌食にする検察ファッショとたたかってまいります。

2　裁判官の思い込みから冤罪は生まれる

「東電ＯＬ殺人事件」の再審がきまって、服役中だったネパール人、ゴビンダさんが釈放されました。

しかし、拷問による自白が唯一の証拠となった袴田事件は、まだ再審請求が受理されていません。

ＤＮＡ鑑定で、犯行時の着衣についていた血痕が、袴田さんのものではなかったことがわかったのは、刑務所に入って45年以上たってからですが、ＤＮＡ鑑定の結果が出てもなお、保釈がゆるされていません。

無実の可能性が高い人を、半世紀も刑務所に閉じ込めておいても、良心の呵責をかんじないのが、法権力にたずさわる者たちの非人間的なところです。

静岡県熱川で「静和病院」を経営していた院長と事務長の女性が、健康保険法違反という微罪と保険料の不正受給容疑で、院長には懲役6年6か月、事務長には懲役5年6か月という異例の重刑判決が下され、控訴しましたが、最高裁が上告を棄却しました。

この事件によって、関東第3位の医療設備を誇った同病院は、廃業に追いこまれましたが、のちに、適用された基準が、失効している旧法だったことがわかりました。

上告が棄却された理由は、最高裁は、憲法違反の有無だけを審議するので、事実誤認や法令違反については問わない（刑訴法４１０条）というのです。

ところが、刑訴法４１１条では、被告が無罪である場合、判決が正義に反する場合にはこの限りではないとあります。

最高裁は、両立性のある法の片一方だけをとって、上告を門前払いにしたのです。

3　「反社認定」は監視国家を再現するおそれがある

「暴力団排除条例」は、暴力団と接触した一般人を、共益者として罰するという、近代の法概念にそぐわない、条例の名を借りた私法、私刑です。

暴力団を取り締まるなら、法律をつくって、解体、撲滅すべきでしょう。

車による街宣活動も、警察が認可しておきながら、警察が、道路にバリケードを張って進入を阻みます。

暴排条例も、暴力団の存在を認めておきながら、接触者を罰するのです。

暴力団組長が神社に灯籠を寄進したところ、神社側に、灯籠を撤去しろという。

氏子の差別を強要するのは、神さま、仏さまの世界に、警察権力が手をつっこんでくるということです。

暴排条例による差別は、銀行口座開設から一般の取り引き、住居契約、食品や生活必需品などの物品購入にいたる広範囲におよび、憲法で保障された人権や自由、平等までが無視されています。

入札制限や取引停止など、巻き添えをくらう一般企業が困りはて、警察に相談に行くと暗に天下りの椅子を要求されるといいます。

暴排条例が、警察の天下り対策の手段に利用されているとしたら、公権力の濫用にほかならず、由々しき問題です。

4　政治家は法権力の横暴に屈してはならない

国民から選出された国会議員は、立法府の代表としての矜持をもたねばなりません。

三権分立は、立法と行政、司法が、分立して、互いにチェックしあう仕組みです。

法治主義とは、法権力が最優先されることではなく、立法と行政、司法の三権が、それぞれ、独立して、健全に機能することです。

その観点に立てば、検事と判事が馴れ合う判検交流は、きびしく、禁止されなくてはなりません。

もともと、検事と判事は、同じ建物に居るわけですから、馴れ合いになりがちです。東大法学部卒の人脈や同じ司法試験合格者という仲間意識もはたらきますから、判検交流が、判検合体となって、法権力が怪物化する懸念さえあります。

起訴の99％が有罪になるのは、事実上の判検癒着で、日本の裁判は、検察調書を中心にすすめられる〝調書裁判〟といわれています。

民間人が裁判に参加する裁判員制度が、どれほど効果をあげるか、未知数ではありますが、判検癒着にブレーキをかけ、法律家だけの裁判に、世間の一般常識がもちこまれるという点では、一歩、前進ではないでしょうか。

5　司法の横暴を政治家はいかにして食い止めるべきか

最高裁で無罪となった場合でも、一審、二審で有罪判決を下した検事や裁判官は、責任を問われることがなく、多くは、以前のポストを離れて、出世しています。

濡れ衣を着せられた人が、控訴して無罪になった場合、起訴した検察官、裁いた判事の責任を問うのが、一般的な社会通念ではないでしょうか。

ところが、現在の法制度では、誤審に、いっさい責任は問われません。

「法は絶対である」が、「法の管理者は絶対である」へ、おきかえられているのです。

死刑が執行されたあと、判決がまちがっていたことがわかれば、結果として、法務大臣以下、司直は、殺人者となります。

そういうぎりぎりの覚悟もなく、漫然と法を弄んでいては、法匪と誇られても、仕方がないでしょう。

判事や検事をやめたあと、弁護士になる人が少なくありません。

犯罪を立件して、被疑者の有罪を立証することを仕事としていた人が、こんどは、一転して、同じ法律知識をもって、依頼者の無罪を証明しようとする――。

政治が権力のゲームになっているように、法治が、法律のゲームになっているのです。

法の濫用にたいして、指揮権発動という対抗手段がありますが、これがタブー視されて有名無実になっています。

政治が、法に無条件降伏するのは、立法精神の自己否定で、政治が立ち枯れます。

法は、絶対的なものではありません。

そこに、政治という人間の心や社会のルールをとりいれて、秩序をつくりあげてゆくのが、法治国家の精神です。

法律が秩序をつくるのではなく、秩序を体系化したものが法律で、先行するのが、社会常識や良心、正しきこと、良きことであることを忘れてはならないでしょう。

第4章　政党再編と参院改革

ブログその11

投稿日：2011年8月3日

政治を刷新する四つのキーワード

雑誌『財界』（主幹／村田博文）のインタビュー「いまの政治に求められるもの」にお答えしました（8月2日号掲載）。

記事掲題にこうあります。

「日本の政治や政治家は、羅針盤を失った難破船のように、迷走している――品性と高潔さを失わず、国家と国民のために火の玉となって働く。それが、政治家のあるべき姿。」

挿入されているリード文の一部にこう記されています。

「今回の大震災をきっかけに、日本を支える有能な政治家がでてくることを、わたしは、期待しています――。」

インタビューの内容をふり返って、四つのテーマがあったように思います。

1、政界再編
2、政治改革
3、政治家にもとめられるもの
4、日本の政治がめざすべき方向

この四つのテーマは、明瞭に分けることができません。
談話形式のインタビューでも、混然としていたように思います。
そこで、内容をすこし整理して、言い足らなかったこと、ことば不足だった点を補ってみたいと思います。

まず、一つ目の政界再編ですが、政党支持率が、民主・自民合わせて、４分の１（25％）にたっしていない現実をもっと真摯にうけとめなければなりません。

この数字は、政党が政党としての機能をはたしておらず、国民から必要とされていないことを物語っています。

原因の一つに、選挙制度があるでしょう。

1人しか当選者のでない決戦型の小選挙区制では、世襲候補やタレント候補、バラマキ型政党の候補者が有利になるのは当然で、政策や公約は、二の次になってしまいます。

政党も同様で、政党が、共通の理念や価値観、思想をもつ同志的な集団ではなく、公認権をふりまわす選挙対策集団になっているのです。

しかも、比例代表は、落選者の救済制度になってさえいます。

そんな政党政治に、国民が、信頼を寄せるでしょうか。

政党政治をよみがえらせるには、選挙制度を変えなければなりません。

1選挙区に、2、3人の当選者がでる中選挙区制にもどせば、政党間で、真剣な政策論議がおこなわれ、政党間の話し合いも可能になるでしょう。

それが、政党政治のあるべきすがたで、そこで、はじめて、有権者は、冷静に、支持政党をえらぶことができます。

それには、選挙制度もさることながら、政党が、一つのカラーと理念をもって、国民にうったえかけなければなりません。

現実はどうでしょうか。

民主・自民とも、政策や理念、価値観のゴッタ煮状態で、ともかく、選挙にうかればいいという刹那主義に陥っていないでしょうか。

政治家が、家業としての政治屋になっていないでしょうか。

これでは、有権者が、政治離れをおこして、当然です。


政界再編は、政党再編でもあります。

選挙対策集団と化した既成の政党を、価値観を共有する同志型の政党へつくりかえてゆくには、解党や合併、新党結成というきびしい試練、いばらの道がまちうけています。

わたしは、その険しい道をゆく覚悟と決意をもった政治家だけが、これからの日本の政党政治を担ってゆけると確信します。


二つ目のテーマ、政治改革は、焦眉の急が、参院改革です。

衆議院が第一院であるかぎり、党の拘束によって、衆院のコピーにならざるをえない参院は、本来の機能や役割をはたしていません。

現状のままなら、廃止も、一つの選択肢でしょう。

二院制が必要であるなら、本来、参院にもとめられるのは、党派性ではなく、国家としての品格と良識、見識です。

政治は、一方で、文化でもあります。

したがって、憲法や政治には、歴史や伝統、民族性が、反映されていなければなりません。

日本には、八百万の神々とともに生き、人やモノを大事にしてきた特有の文化や精神、習俗があります。

衆院で検討される政策や法案を、参院で、日本人の心をとおして再吟味するのが二院制のあり方で、それが、成熟した議会政治ではないでしょうか。

そこで、三つ目の政治家にもとめられるものが問題になってきます。

政治家が、かつて、尊敬されてきたのは、公に奉仕する心をもっていたからです。

国家・国民に殉ずる気概が、政治家をして、真の政治家たらしめてきたのです。

ところが、現在は、政治家が、政治屋やただの利益代表になり下がり、また、タレント業にさえなっています。

そして、自己顕示欲をふりまわし、自己満足にひたっています。

公の精神を忘れて、私心で、政治をもてあそんでいるのです。

そこに、政治が、国民から疎まれ、軽んじられている原因があります。


日本には、私を捨て、公に尽くし、殉じた多くの偉人がいます。

国民が政治家にもとめているのは、その清廉さ、高潔さです。

政治家の質が低下したのは、公に奉仕する気構えを失ったからです。

国民が政治離れをおこしたのは、私事に走る政治家が、国民の期待を裏切り、有権者の政治へ寄せる願いを断ち切ったからです。


四つ目のテーマは、日本を政治主導型の力強い国にすることです。

それには、政治家が、官僚を上手に使い、経済をまもり、何より、目標を掲げて、国民をリードしていかなければなりません。

官僚を排除するのが政治主導型――と考える政治家がすくなくありません。

官僚は、高い専門知識や行政能力、情報処理能力をもっています。

政治家には、官僚との信頼関係をきずきあげ、官僚の能力をフルに発揮させる能力こそが、もとめられるのです。

それには、政治家が、高い志とつよい情熱、責任感をもって、官僚をひっぱっていかなくてはなりません。

経済も同様です。

政治家は、経済界や専門家、在野の識者の意見に耳を傾け、研究を怠らず、つねに、適切な手を打っていかなければなりません。


政治に、停滞は、ゆるされません。

一刻も休むことなく、前へ、前へすすんでいなければならないのです。

政治家一人ひとりの自覚によって、日本の政治は、かならず、変わっていきます。

いま、政治家にもとめられているのは、東日本大震災という国家の危機を変革のとき（災いを転じて福となす）ととらえる不退転の決意と責任、その自覚と覚悟ということを、わたしは、ここでもういちど、強調しておきたいと思います。


合掌。

ブログその26

投稿日：２０１１年11月15日

威厳を失った政治家、組織としての意志を失った政党

11月７日に開かれた「中曽根元総理を囲む勉強会」には、与野党の若き４人の国会議員の参加をいただき、一同、元総理の含蓄あるご発言に耳を傾けました。

議題は、４議員による時局報告から、政治家の存在感や重さについての論議、ＴＰＰ問題にまでおよびましたが、元総理は、いずれのテーマについても、的確に、問題点を指摘して、あるべき道筋を明瞭に述べられました。

冒頭、一同は、中曽根元総理の「いま、与党は、民主、自民のどちらかね」という痛烈な皮肉に、肝を冷やしました。

民主党に与党としての責任感や風格がなく、野党となった自民党に批判精神やハングリー精神がかんじられないことに、元総理は、端的なことばで、注文をつけられたのです。

そこから、最近の政治家の軽さ、頼りなさへ話題が移りました。

首相が、歩きながら、記者の質問に答える慣例は、竹下首相の時代からだったように思います。

軽々しく、記者の質問に答えて、失言を槍玉にあげられ、テレビに出演して、タレントと一緒に軽口を叩き、次元の低い議論に口角泡をとばす政治家が多くなったのは、それだけ、政治家の存在やことばが軽くなったということでしょう。

政治家が、個人を超え、国家を背負う公人であることを忘れているのです。

日本は、「言霊の幸はふ国」で、言霊の力によって、森羅万象がつくりだされます。

ことばは、政治家の命で、発言するときは、時と場所をわきまえ、肝をすえ、精魂をこめなければなりません。

元総理は、歩きながらの質問に答えたことはなく、何かを話すときは、かならず、会見場を設けたものです。

昔は、総理総裁といえば、そばに寄るのが憚られるほどのオーラがありました。

派閥の長も同様で、近くを通り過ぎただけで、風圧のようなものをかんじたものです。かつて、自民党政治に統一感や力強さがあったのは、オーラのある政治家が少なくなかったからです。

そのオーラが、政治の意思決定に大きな影響力をもち、政治の流れをつくりだし、政治に力強さをあたえていました。

そういう政治力学がはたらいているところでは、真剣勝負の緊張感がみなぎって、ことば遣いや意思表示も、慎重になります。

ところが、自民党政権末期、党内から、公然と〝リーダー降ろし〟の発言や行動が噴出して、収拾がつかない有様になりました。

そして、自民党は、国民から見離されました。

統一感を失った政党、威厳あるリーダーが不在の政党に、有権者が共感をもち、期待を寄せるはずはありません。

元総理がいわれた、与党らしくない民主党、野党らしくない自民党という批判も、このことと無縁ではないでしょう。

政党が、与党カラー、野党カラーを発揮できるほどに統一がとれておらず、個人がそれぞれ、好き勝手にふるまう〝烏合の衆〟と化しているのです。

五代目菊五郎が、「ぶらずに、らしゅうせよ」といって、六代目を諌め、栂尾の明恵上人は、北条泰時に「あるべきようは」の7字を書き与えて、政権を握る者の警策としたといいます。

与党、野党とも、らしさを失っているところに、日本の政治が停滞している原因があるように思われます。

元総理は、「昔の野党には、必死に敵（与党）に食らいつく気迫があった」と言われました。

現在の自民党は、野党の気迫どころか、党としての意思さえ失っているように思えます。

2人寄れば、三つの意思が生まれる、ということばがあります。

二つの個人的な意思のほかに、もう一つ、集団としての意思があるというのです。

ところが、現在の政党には、個人の意思だけがあって、集団としての意思がありません。

これでは、政党政治が、成立しません。

政党が、個人の選挙対策事務所になっているところに、日本の政党政治の危機があります。

元総理の皮肉は、短いことばで、その危機を的確に衝かれたのです。

懇談の後半は、ＴＰＰ問題にテーマが移りました。

現在、日本では、ＴＰＰに賛成か、反対か、という議論が沸騰しています。

しかし、これは、問題を矮小化、短絡化させる論法で、政治議論になりません。

ＴＰＰは、よいところもあるが、わるいところもある多国間交渉で、賛成や反対という一元論で両断できるものではありません。

菅前首相が、ＡＰＥＣで、１年後の交渉参加を約束してきたのが、昨年の11月です。

それから、何の議論もおこなわず、土壇場の今年10月になって、突如、賛成か反対かという話になりました。

賛成なら、ダメージをうける農業改革をどうするか、反対なら、製造業がうける関税障害をどうのりこえるか、ということを論じるのが政治で、賛成か反対かだけを問うのは、政治の放棄です。

非は、議論を避けてきた民主党だけではなく、自民党にもあります。

なぜ、今日まで、問題提起をしてこなかったのか。

自民党は、約85％が反対といいます。

それなら、韓国がヨーロッパやアメリカと関税撤廃条約（ＦＴＡ）をむすび、中国がアセアン諸国と自由貿易協定（ＣＡＦＴＡ）を締結するというきびしい環境のなかで、日本の製造業は、どう生きのびてゆくべきか、その指針を示さなければなりません。

わたしには、民主・自民両党とも、日本の国益を真剣に考えているとは思えません。かれらの頭にあるのは、選挙だけです。

ＴＰＰに賛成すれば農民票を失い、反対すれば都市部の票を失うというジレンマのなかで、どっちに立てば、次期選挙に当選できるかを考えて、賛成・反対論を唱えているのです。

懇談で、「中国の脅威」ということばを耳にした元総理は、「中国（の顔色）を見ると本筋が崩れる」とぴしゃりと断言しました。

「やらざるをえないのであれば、これでいいという独自の形をつくりあげなければならない」

というのです。

「（日本の国益に適った）日本独自のもので勝負する。それには、時間をかけて練り上げなければならない」

まさしく、正論、正道と思われます。

元総理は、中国外交を例に挙げて、交渉の要諦をのべられました。

もっとも大事なのが、人脈で、信頼できる二者関係をとおして、話し合いのルールを築き上げることから、すべてがはじまるというのです。

日本外交の弱点は、相手国と強力な人脈、良好な人間関係をつくりだすことができないところにあります。

事務的な外交交渉だけでは、駆け引きが先行して、本音を言うことができません。

本音というのは国益のことで、堂々と国益を主張するには、相手国と気心がつうじる人間関係ができていなければなりません。

良好な人間関係ができていなければ、言いたいことが言えず、外交交渉は、結局、後手に回ります。

毎年、首相や内閣がかわり、次々と大臣の首がすげかえられる現在の日本の政治情勢では、他国と密接な人間関係をつくりあげるなどということは、望むべくもありません。

かつて、わたしが、中曽根内閣で、防衛政務次官を務めていたとき、アメリカのワインバーガー防衛長官から、「わたしの在任中、日本の防衛長官は5人も代わった。これでは、だれを信用してよいのかわからない」ときびしい調子で詰問されました。

帰国してこのことを告げると、総理は、第2次中曽根内閣の組閣で、初めて、防衛長官（加藤紘一氏）を留任させました。

大臣は、功労賞でも名誉職でもありません。

官庁の長で、実務を取り仕切る官僚部隊の隊長です。

大臣が、お飾りになっているところに、日本の政治の弱点があると言ってよいでしょう。


政治家が折衝するのは、外国だけではありません。

経済団体・農業団体にたいしても、人間関係のネットワークができていなければ、政治の力がはたらきません。

腹を割って話し合える二者関係、相互の信頼関係があって、はじめて、政治交渉が成立します。

いまの政治家に、各業界に友好的な人間関係をつくりあげる能力のある人がいるでしょうか。

民主党は、農民に補助金や個別補償などをバラまいて、票を集めました。

しかし、抜本的な農業改革を提案できるほどに、かれらとのあいだに信頼関係や人脈ができているでしょうか。

ひざ詰め談判をして、胸襟を開きあわなければ、農業改革などという大事業は、できるはずがありません。

野田首相は、議論を放棄して、事前協議というあいまいなことばをつくり、時間切れを待って、ＡＰＥＣでＴＰＰの交渉参加を表明しました。

これは、からめ手で、正々堂々と勝負していないのです。

からめ手を得意とする野田首相には、人間関係を旨とする政治家の資質が欠けているのではないかと疑わざるをえません。

元総理は、農業改革についても、裸でとびこんで、強力な人間関係をつくるべし、といいます。

農業関係者と胸襟を開きあい、真剣に農業の発展を考える政治家の誠意がつたわらなければ、道は、開かれないとおっしゃる。

その方法以外で、農業改革をすすめれば、おそらく、対立という禍根だけが残るでしょう。

元総理は、農業が衰退して、美しい田園風景が消えると、日本が滅びるとまで言われる。日本の農業改革には、その悲壮な覚悟と決意をもって、あたらなければなりません。野田首相や民主党は、農業団体ばかりか、産業界など他の業界・団体にも、独自の人脈やパイプをもっていません。

すべて、官僚任せで、その一方、反官僚の政治主導を唱えています。元総理の話を伺って、日本の政治は、後退に後退を重ねていると痛感せずにおられなかったのは、わたしだけではないでしょう。

合掌。

3月11日を「鎮魂と日本の復活を祈る日」にしましょう。

ブログその50

投稿日：２０１２年5月28日

亀井静香さんよ、一匹狼のまま新党を設立して政界再編の捨て石になれ

産経新聞（5月21日付）など新聞各紙は、石原慎太郎都知事が、再び、新党設立にむけてうごきだしたとつたえています。

産経の見出しに「『石原新党』再び動いた――白紙宣言真意は『小沢切り』だった」とあります。

石原都知事の小沢一郎氏嫌いは、「大村君（愛知県知事大村秀章氏）が小沢氏と行動するなら、そんな人間と一緒に行動する気は毛頭ないね」「オレは死んでも小沢氏とは手を組まない」ということばに端的にあらわれています。

亀井さんと小沢さんの関係はわるくありません。

石原さんは、大村さんを引き合いに、亀井さん切りを暗示したのです。

亀井さん切りが、石原新党の条件ということになれば、これまでの新党運動は、はじめからねじれていたことになります。

もともと、石原新党構想は、地方自治体の首長を巻き込んで政界を再編しようという亀井静香さんの発案に、国民新党とたちあがれ日本、そして、民主党・自民党の一部が同調して、明治維新以後の旧態とした政治の流れを変革する大河たらんと目論んで、はじまったものです。

発案者の亀井さんを除外して、新党をつくろうというのが、今回、石原新党が、紆余曲折の道をたどってきた真相で、国民新党が亀井代表を解任したのも、小沢グループの平山泰朗さんが民主党を離脱したのも、石原新党が、水面下で、小沢・亀井さん外しを画策していたあらわれと見てよいでしょう。

渡米前の白紙撤回以降、今日まで、1か月近く、亀井さんに石原さんから連絡がないのは、非礼にして不実で、しかも、新聞報道によると、石原さんは、亀井さんとの連携に、わたしの考えに同調するならと条件をつけたそうです。

戦後政界に大きな足跡を残した亀井さんにたいして、このような注文のつけ方は、無礼な愚弄であって、男は、貧困に耐えることができても、屈辱には、耐えることができず、また、耐えるべきではありません。

新党構想が、亀井さんを外したのは、かれらが目指している集団が、政治集団ではなく、「仲良しグループ」だったからでしょう。

その仲良しグループの代表がカリスマ性の高い石原さんで、連携するのが、人気絶頂の橋下徹大阪市長というのが「日本維新の会」（「つなぎ塾」）が中心となる石原構想で、そこで、両者が、互いに講師をつとめあい、反亀井・反小沢派が遠巻きにしているのが、石原新党の現況ということになるでしょう。

いまとなっては、さしつかえがないので、石原新党結成のこれまでの経緯をのべておきましょう。

新党の準備委員会を立ち上げたのは、村上で、同会の委員に参加したのが、自民党というより創政「日本」の下村博文副会長、たちあがれ日本から園田博之幹事長と藤井孝男参院代表、国民新党から下地幹郎幹事長と浜田和幸外務政務官、のちに民主党から離党する平山泰朗衆院議員の６名です。

準備委員会がまとめた党の政策を「救国八策」としたのは、石原さんが「船中八策」をつくろうという提案からできたもので、この文案に、たちあがれ日本の平沼赳夫代表と国民新党の亀井静香代表の合意をえて、石原都知事に、最終案を持ち込む予定で、平沼・亀井両氏がくわわった第7回目の会議で、最後の議論をおこない、最終案を採決しました。

その後の経緯が、亀井さん抜きの石原新党再始動というわけで、準備委員会のメンバーが、そっくり、石原さんの仲良しグループに合流するうごきになりました。

どんな形であるにせよ、亀井さんが投じた石原新党の一石が実をむすんで、新党が実現するなら、歓迎すべきでしょう。

しかし、わたしには、一抹の不満と不安があります。

不満は、亀井さんにたいする非礼です。下地さんは、国民新党の産みの親である亀井さんを追い出し、石原さんは「自業自得」と言い捨てました。

石原新党が実現することになれば、最大の功労者は、わたしを駆り立て、新党準備委員会を発足させた亀井さんです。

不安というのは、亀井さん抜きの石原新党が、石原・橋下人気にあやかったポピュリズム政党に堕さないかということです。

準備委員会では、中身の濃い政治議論があった反面、石原・橋下両氏への迎合主義が顔をのぞかせました。

そこに、わたしは、政党としての未熟さをかんじます。好き嫌いだけで結束し、仲間外しをおこなう幼い精神で、高度な精神活動である政治ができるものでしょうか。

政治は、議論をとおして、相手を論破し、あるいは、相手の言い分に耳を傾けることです。

小沢さんが気に食わなければ、石原さんは、小沢さんの政治的生命を絶つ覚悟で論戦を挑まなければなりません。

反論されて、逆に論破されることがあるかもしれませんが、それが政治で、政治はつねに命懸けなのです。

石原さんは、罵倒するか、褒めちぎるかの両極端で、わたしはかれの筋道の立った議論を聞いたことがありません。

尖閣諸島の買収騒ぎ（当時）も、その例に漏れず、石原さんは、国家の主権という、政治家にとってもっとも大事なことに一言も触れていません。

石原さんは、渡米前、アメリカから問題提起をおこない、物議をかもさせると予告して、尖閣諸島買収の発表をおこないました。

これは、自己顕示欲が匂う石原さんの個人プレー、独裁者のやり方で、為政者がとるべき手法、政治プロセスではありません。

国家の安泰は、政の王道を体現してこそ、実現されるのです。

石原さんの尖閣列島の私的買収に、中国やアメリカがコメントしないのは、領土問題は、主権の問題で、所有権の問題ではないからです。

個人が所有しようが、都が所有しようが、日本の領土は国家主権の及ぶ範囲であって、尖閣諸島は、日本の主権によって、永遠に日本領土とされます。

石原さんは、尖閣列島が外国に買われてしまえば、日本の領土でなくなるような物言いをしていますが、所有者がだれであろうと、尖閣諸島が国家主権の下にあるという事実は、いささかも揺らぎません。


尖閣諸島が危うくなるとすれば、主権＝軍事力によって占領されるケースです。

韓国が占拠している竹島、ロシアが占領している北方領土も、実効支配という主権行為にほかならず、いかに不法でも、占拠が長い歳月に及ぶと、主権が喪失して、自国領土が他国領になってしまいます。

尖閣諸島が、中国によって軍事占拠されたら、石原さんはどうしようというのでしょう。都の職員が、土地謄本をもって、説得にあたるのでしょうか。都の消防団員を派遣して、中国軍を追い出すのでしょうか。

土地所有権は、民法上の権利にすぎません。

一方、主権行為＝軍事行動をこえる権利は、存在しません。

主権というのは、これにまさる権利はないという意味で、国家だけがもっています。

尖閣列島をまもるのは、土地謄本ではなく、国家主権なのです。

尖閣諸島有事の際、動くのは、自衛隊＝国家で、それ以外に、領土をまもる手段はありません。

ならば、石原さんは、国家にたいして、尖閣列島の自衛隊駐留などの政策を提案すべきで、国がやらないから都が代わりにやったというのは、あてつけか、文学者の自己満足にすぎなかったことになります。

石原さんは、「大阪維新の会」と提携して、「つなぎ塾」をつくって、次世代の人材を育成するといいます。

これは、観念のゲームで、ことばの遊びにすぎません。

かくすればかくなるものと知りながらやむにやまれぬ大和魂——

伊豆下田からアメリカ艦船に乗り込んで渡米しようとして捕らえられた松下村塾の吉田松陰は、こう詠んで、処刑されました。

政治家に必要なのは、やむにやまれぬ情、行動力で、塾で政治を勉強して、壮士ぶって理想論を述べ立てることではありません。

国政の初歩も心得ず、私心と打算、損得勘定をはたらかせ、人の心に傷を負わせても平気、指導者としての心配りもできない欠陥をもつ石原さんの下で、はたして、立派な政治家が育つでしょうか。

石原さん。

人倫の道に背いて、どうして、心ある政治がおこなえるのですか。

党ではなく、塾をつくるというのは、自信がないからでしょう。

政治を若い人に任せるという耳あたりのよいことばで、責任を回避したいからでしょう。

閉塞と混迷の只中にある政治を打破しようと、懸命にたたかっている亀井さんを嘲笑し、雑言を投げつけた石原さんが、綺麗ごとを並べ立てるたび、わたしには、苦々しい思いがこみ上げてくるのです。

折しも、21日は、金環日食で、朝から大騒ぎでした。

ところが、今日は、だれもがケロリと忘れています。

現在、日本は、退屈と倦怠、惰性のなかで、変化を期待し、刺激をもとめています。

倦んでいるのは、政治についても同じで、人々は、選挙や政局、政治家のスキャンダルに、その場かぎりの退屈しのぎや過激な刺激をもとめます。

本来、政治は、政治なきをもって為すべきで、国民が、スキャンダルを語るように政治を語るのは、政治が不毛な証拠です。


政治には、プロの政治家が必要です。

政治は、国家の安定や繁栄、国民の安心を確かにするためのプロセス、段取りの手腕であって、大向こうをうならせるスタンドプレーではありません。

尖閣諸島の買い取り騒動で、多くの国民が寄付を申し出ています。

日本人の精神の健全さをかんじながら、一方で、わたしは、石原さんの国民を巻き込む独裁的手法が、日本の政治的成熟を害していることを危ぶみます。

げんに、日本人は、国家主権というもっとも大事なことを忘れているではありませんか。

わたしが、ＫＳＤ事件で、冤罪ながら有罪の判決をうけ、出所してきたとき、ホテルニューオータニでわたしを迎えてくれた石原さんは、「村上さん、日本を立て直すにはテロ集団をつくるしかない」とおっしゃった。

石原さんは、三島由紀夫の美学に似た文学者特有の、いわゆる石原美学をもっているように思います。

三島さんは、腹を切った。

石原さんに、そんな覚悟があるでしょうか。

三島さんは、全共闘が占拠している東大へ乗り込んで大論争をおこなった。

石原さんに、そんな度胸や心構えがあるでしょうか。

たちあがれ日本の園田幹事長は、石原新党が実現にむけて着実に歩をすすめているとのべています。

わたしは、石原新党の成功を陰で祈りつつ、一方で、亀井さんの新党結成のお手伝いをしたい。

亀井さんは、一般会計と特別会計の連結、ジャパンスタンダードの確立、中小・零細企業など弱い立場にある人々を助けることによって、日本は立ち直ると断言しておられる。

消費税増税やＴＰＰ、原発が、日本の国益に反すると反対意見を明確にのべておられる。

日本は、現在、深い低迷期にはいって、出口が見えません。

政治も人心も、弛緩しきって、国家が溶解しかかっています。

そんなときは、電光影裏、春風を断つ、稲妻がもとめられる。

亀井さんに悪党の風評が高いとするなら、いっそ、悪党の小沢さんと組んで、嵐をまきおこし、民主・自民のだらけた政治を揺さぶってもらいたい。

政治は、好き嫌いではなく、政党は、同好の集いではありません。

法は正義に、立法は権威にある――。

政は秩序を、民は安心をもとめる――。

政治の王道を往くには、ときには、悪党も必要なのです。


合掌。

ブログその57

投稿日：2012年7月18日

いまこそ権力の不正を糾す平成の「玄洋社」が必要な秋《とき》

7月12日、ホテルニューオータニでおこなわれた「日本の司法を正す会」の「5周年記念講演と緊急シンポジウム」には、多くの方々の参列をいただき、成功裏に終えることができました。

記念講演をされた亀井静香衆議院議員（テーマ「日本の司法はこれでいいのか？　権力機構に変貌した傲慢なる法の番人」と丸山和也参議院議員（テーマ「異分子を抹殺する日本というシステム――大衆迎合と島田紳助追放の構造」）の講演も、西部邁、宮崎学、佐高信、三先生によるシンポジウム（テーマ「権力と一体化した法務と司法はどこまで堕落するのか？　暴排条例に見る警察権力の暴走と日本の無法化を指弾する！」）も、壇上と会場が一体となった熱気あふれるものでした。

「日本の司法を正す会」では、これまで5年にわたって、警察や検察、司法から人権を蹂躙され、不当な罰則を受け、名誉を毀損され、財産を奪われた多くの方々が、みずからの体験をとおして、真実を訴え、心ある人々が熱心に耳を傾け、あるいは、『週刊金曜日』などのメディアをとおして、国民に訴え、告発してきました。

この数年来、裁判員制度の導入や取り調べの可視化など、警察や検察、司法にも改革の兆しがうかがえますが、権力の横暴、権力を行使する者の傲慢は、根強く、いまだ、司直の不祥事や不正・不当な権力行使が後をたちません。

今回の「5周年記念講演と緊急シンポジウム」は「日本の司法を正す会」のこれまでの足跡を振り返りながら、冤罪や不法捜査を根絶させ、警察・法務・司法の不当な権力から国民生活を守り、法治国家の正義を確立する決起集会を兼ねたもので、今後も、積極的に活動をつづけてまいります。

記念講演とシンポジウムは、盛会でしたが、一抹の空しさをかんじたのは、いかに声高に正論をのべたところで、それが、腐敗した権力にたいして、はたして、どれほどの効力をもちうるか、疑問なしとしないからです。
国民と権力、組織と人間、言論と現実のあいだには、深い溝が、横たわっています。その深い溝をのりこえないかぎり、権力の腐敗や不正、自堕落や暴走に、歯止めがかかりません。

7月10日の参議院予算委員会の質疑応答と与党議員のふるまいに、その深い溝が、象徴的にあらわれていなかったでしょうか。

森まさこ議員（自民党）の質問に関連して、参考人として出席した福島県双葉町の井戸川克隆町長は、アメリカから提供された放射線量情報を公表しなかったことについて「情報があれば逃げる方向を変えていた」と政府の住民無視を憤り、賠償問題が棚上げになっていること、自治体の要請に耳を貸さない国の冷酷さなどについて、涙ながらに訴えました。

このとき、与党席に居並ぶ野田首相以下、閣僚たちの仏頂面は異様で、NHKテレビに映し出された松原仁国家公安委員長（当時）のあくびを噛み殺す表情、岡田克也副総理の居眠りをしているようなたるんだ態度には、多くの国民が呆れ、怒りを覚えたはずです。

大震災のため職業を失い、電気代も払えない人々もいるというのに、復興庁の東日本大震災復興交付金を１・３兆円も使い残し、それを各省庁の特別会計に繰り込むというやり方も、被災民にたいする信じがたい背信行為です。

折しも、特別会計など、各省庁の「埋蔵金」が１・１兆円にのぼったという会計検査院の調査結果が報道されましたが、これでは、国民の代表である政治家が、霞が関の手先になっているとみなされても仕方がないでしょう。

北九州豪雨で、多数の死者が出るなど大きな被害がでている最中、宮崎県選出の自民党参議院議員が、災害対策特別委員長の重責にありながら、早朝から都内の一流ホテルのサウナでのんびり汗を流していましたが、これが、心棒の抜けた、現在の政治家のすがたです。

この若い議員は、昨年、東日本大震災で、日本中が大騒ぎになり、国会がその対策に追われている最中にも、毎朝、日課のようにサウナへやってきて、わたしが注意しても、聞く耳もたぬ風情だったことをつけくわえておきましょう。

参議院選挙の１票の格差の是正に向けて、自民党や公明党などが、民主党の４増４減案を容認する公算ですが、現在の国会は、そのような小手先の弥縫策では救えないほど荒廃しています。

与党やマスコミは、衆参の与野党逆転を、ねじれ国会などと揶揄し、政策議論や政策実務がすすまない理由の一つにあげていますが、日本の議会が二院制であるかぎり、参議院が、党利党略や政権抗争の場となりがちな衆議院の抵抗となるのは、当然です。

問題なのは、むしろ、力の衆議院にたいして、知の参議院が、熟議や良識を放棄して、衆院のカーボンコピーと化しているところにあります。

被災地町長の悲痛な証言がおこなわれた参議院は、まだましというべきで、民・自・公の「3党合意」が成立した衆議院は、一切の議論が封殺され、議会が、いまや、3政党による腑抜けた談合場と化しています。

3党合意なるものが、権威ある葵の印籠であるかのように思い込み、振り回す議員の不見識、滑稽さには、失笑を禁じえません。

衆議院も、定員を半分に減らして、議員一人ひとりの質の高さをもとめなければ、日本の議会そのものが滅んでしまいます。

参議院廃止をふくめた国会改革の核心は、いかに、二院制本来のすがたへ立ち返るかにかかっているといってよいでしょう。

日本が、根本から、狂いはじめた最大の原因に、日本人の劣化をあげることができるでしょう。

戦後、個人主義が蔓延して、日本人は、公人と私人の区別がつかなくなりました。

国民や人間が、国や全体に属するものではなく、単独で生きる個にすぎないものになって、和の精神という日本特有の美徳も失われました。

政治家や官僚、司直（警察・裁判官・司法）は、公への奉仕者で、公人です。

ところが、個の幸せを最大の価値とする戦後の個人主義教育をうけた人々にとって、公という立場や特権が、公への義務感ではなく、いまや、個人の栄達や権益のためのものになっています。

東大の法学部を出て、官僚のトップに立ち、選挙に勝って議員になるのが、公に尽くす志ではなく、立身出世のためのもので、その権力が、すべて、個人の利益へ還元されているのです。

全体への奉仕者が不在となった日本の権力構造が、権力を私物化する者たちの巣窟となってしまったのは、当然のなりゆきだったでしょう。

消費税からＴＰＰ、震災復興計画、経済対策、エネルギー問題、尖閣列島問題、原発問題、国会改革など、現在、日本には、国運を左右する大問題が山積しています。

これらの問題について、はたして、国会で本格的な議論がおこなわれたでしょうか。

政・官間あるいは政党間合意という方法で、じぶんたちに都合がよいように、こっそり談合して、片をつけてきたのが、現在の権力者の手口ではなかったでしょうか。

しかも、これらの合意は、国家観や未来観、奉仕の精神が欠如した自己主義の産物ですから、すべて、最悪の方向へころがってゆきます。


国民が、バラマキ政策にひっかかって、国家観ゼロの政党に1票を投じて、民主党政権が誕生しました。

そして、こんどは、その民主党から「国民の生活が第一」という甘言を掲げる新党がうまれました。

小沢新党と民主党の批判合戦は、所詮、目くそ鼻くそを笑うの類で、日本の国会議員の質的低下はここまで極まったかと、暗澹たる気持ちになります。

「生活第一」ということは、じぶんさえよければよいという意味で、じぶんさえよければよい政治家とじぶんさえよければよい有権者が結託したら、日本は、確実に滅びの道へむかうでしょう。

かつて、日本が、世界に伍して、否、それ以上の存在感をもち、国家を支えてきたのは、じぶんさえよければよいとは逆の、じぶんはどうなっても、国家国民さえよければよいという偉人、英雄、指導者がいたからです。

わたしは、その日本人の伝統精神を復活させるため、西郷隆盛の私学校、頭山満の玄洋社のような伝統主義に立った政治結社を立ち上げるべき秋《とき》がきたという思いに駆られています。

思想と言論を深めると、かならずや、行動が呼び覚まされます。

その行動が、思想の歪みを正し、国家のあるべき道筋を定め、新たな指導者を生むでしょう。

毎週、数万の国民が、首相官邸へ、自発的にデモをかけています。

主催者がいないこの静かなデモは、原発反対だけを叫んでいるのではありません。

国会で、涙ながらに、福島の窮状を訴えた福島県双葉町の井戸川町長と手を携え、国民を忘れ果てた民主党政権、自己の利益しか頭にない東京電力に、怒りの拳をふりあげているのです。

日本が、権力者の堕落によって崩壊する前に、日本本来のすがたを復元すべく、有志の結集を急がねばなりません。

合掌。

ブログ（自著）解説④

第4章　政党再編と参院改革

1　「維新の会」は政治のうみを出す劇薬

「大阪維新の会」橋下徹代表の登場は、現在の倦んでいる政治にたいして、劇薬の役割をはたしました。

惰性に流れ、馴れ合い、ことばをもてあそんでいるだけの、しなびて、閉塞した政治に倦んだ国民が、刺激をもとめ、橋下さんは、劇薬をもって、それに応えたのです。

「自民党をぶっ潰す」と叫んだ小泉元首相に、圧倒的な支持が集まったのと同様です。

その劇場型政治の二番煎じが橋下さん、三番煎じが石原慎太郎さんではなかったでしょうか。

刺激的なことばを使い、扇情的にアジって、大衆の心をつかむやり方は、歌舞伎俳優が六方踏んで、喝采を浴びている姿に似ています。

大向こうをうならせる刺激的なやりかたが、旧態依然とした政治に風穴を空けることができれば、それも、一つの政治の流れでしょう。

明治維新以来、旧態依然の地方自治は、政治の近代化への大きな壁となっています。その壁を打破する政治家が生まれてくれれば、閉塞した政治に風穴が空くでしょう。

ところが、新しい政治の流れをつくったかに見えた、小沢氏や小泉氏の後につづいたのは、小泉チルドレン、小沢ガールズなど、政治のアマチュアでした。

そのなかに、現状を打破できる政治家がいたでしょうか。

議員になりたい人が集まっただけで、何のビジョンもしめされません。

政治に新風を吹きこむには、政治のプロが、みずからの体験と情熱、歴史の知恵をいかしながら、新しい政治を構築していく、そういう大きなうねりが必要です。

2世、3世議員も、多くが、家業としての政治家で、国家、国民のために身を粉にする志が乏しい点では、チルドレン政治家とかわるところがありません。

国民が刺激をもとめ、政治家が劇薬をもって応じる劇場型政治は、結局、政治のアマチュア化をまねき、政治家をタレント化するだけでしょう。

２　解党して国家と国民のための新党を作れ

机上論で政治を学んできた政治家がふえていますが、政治において、技術は、二の次の問題です。松下政経塾から出てきた政治家は、理屈に走って、かえって、心に響く政治を忘れています。

書生型の政治家がふえたのは、政界に人材が払底しているからでしょう。人材が枯渇しているため、２世やタレントに頼らざるをえず、かれらが幅をきかせるので、有望な人材がでてこないという悪循環に陥っているのです。

知事選など地方政治も、タレント選挙になって、危機的状況が生まれています。自民党政治が、国民から拒否されたのも、党生え抜きの政治家が育ってこなかったからでしょう。

党が、国民とともに、有能な政治家を育ててゆくのが、国民政党の本来の在りかたですが、野党転落、連立政権以降、そんな伝統が廃れて、自民党が衰退してゆきました。

次の総理大臣を誰にするかといっても、どの政党からも、名前があがってきません。

そこに、現在の既成政党の底の浅さがあります。

野田さんが辞めたら、次に誰がやるのか、政権政党からすら、名前が出てこないのです。

昔は、吉田茂の後は、岸信介がいるじゃないか、池田勇人や佐藤栄作がいるじゃないか――佐藤の後は、田中角栄、福田赳夫がいる。福田の後には、中曽根康弘がいる、というゆたかな人材のなかから、国民の期待に応える指導者が登場してきました。

かつて、三角大福という時代があって、実力政治家がてぐすねをひいていたのです。

ところが、竹下さんあたりから、自民党に人材がいなくなりました。

オレが天下を取るという大物がいなくなり、寄らば大樹の陰という小物ばかりになって政治から力動感が失われていったのです。

そんな閉塞状況のなかから、劇場型の政治家がでてきて、こんどは、政治が脱線するという顚末で、人材の払底が、政治を危機的な状況に追いこんでいるのです。

人多き中にも人ぞなき、人になれ人、人となせ人、といったのは弘法大師とつたえられますが、現在の政界は、まさしく、人多き中にも人ぞなきの空疎さにあるといえましょう。

「石原新党」はトーンダウンして、石原氏は、「日本維新の会」、「つなぎ塾」をつくって、人材育成をおこなうと方向舵をきりかえました。

新党結成は、いくさの準備ですから、国を憂い、救国の旗を掲げて、命懸けでたたかう気迫がなければ、たとえできても、政党助成金の受け皿にすぎないものになります。

石原氏は、訪米前に、「むこうで演説して、日本政府に一泡吹かせる」と予告して、尖閣列島購入を発表しました。

尖閣列島購入は、実効支配している尖閣の民法上の所有権を個人から都へ移すだけですから、国際法上にも外交上にも、大きな意味をもつものではありません。

領土は、国家主権のおよぶ範囲ですから、どなたが所有しようと、日本領です。

石原氏は、新党結成より、尖閣購入という個人プレーを優先させました。

そこにわたしは、政治家ではなく、石原氏の作家の本性を見たような気がしました。

石原新党構想は、地方自治を巻きこんだ大きな政治の流れをつくろうとしたものでした。

政界再編を、永田町における議員の離合集散ではなく、地方自治体を巻きこんだ大きなうねりにして、それを、政党再編に結びつけるという構想です。

それには、石原氏のカリスマ性と、彼がもつ、地方の首長を結集させる強力な指導力が必要になります。

それが、亀井さんの考えで、石原さんや橋下さんと組んで、閉塞した現在の政治の壁をぶち破って、新しい政治をつくろうという構想に、およばずながら、わたしは、黒子役を買って出て、有力議員を集め、7回の会合を重ね、綱領までつくりました。

それが、石原さんに反故にされて、新党構想は、宙にうきました。

新党結成について、わたしは、亀井さんに、いつまでも石原氏に恋々とせず、一人になってもつきすすめとハッパをかけています。

国民は、自民党にも民主党にも、ノーといっています。

政治不信と流動的な政治状況を突き破るには、たった一人でも、正論を吐いて、世論をうごかしてゆく気迫をもたねばなりません。

亀井さんの反消費税、脱原発は、筋がとおっており、官僚の利権となっている特別会計の無駄遣いをやめさせるだけで、消費税分の予算がひねり出せるという論も、正鵠を射ています。

現在の救い難い政治を立ち直らせるには、消費税で3党談合して、解散時期をめぐって3党間で問責決議をぶつけあう姑息な党利党略ではなく、国民の心を打つ正論を、大胆に打ち出してゆくべきです。

わたしは、亀井さんに、政党ではなく、悪党でゆけと激励しています。

もともと、悪は、強いという意味で、源頼朝、義経の兄で、史上最強の武士と呼ばれる源義平の別名は、悪源太です。

現在、政治にもとめられている資質は、小粒で世渡り上手、頭でっかちな常識家ではなく、悪源太の豪気、蛮勇、こわいもの知らずの大胆さでしょう。

亀井さんが、豪傑を集めて新党を作ったら、政治に新しい風が吹くかもしれません。政治家は、乱世といくさのなかから育ってくるものです。

橋下さんも、その武者振りの一人で、彼にとって、現在の日本は乱世、政治の場が、戦場なのでしょう。

朝は高級ホテルのサウナ、夜は集金パーティー、日々是好日の腑抜けた政治家を蹴落とす迫力をもった政治家がでてこなければ、日本の政治は、いつまでたっても、ノーテンキなメダカの集団のままでしょう。

3　参院に存在価値はあるのか

かつて、衆議院選挙に、小選挙区導入が議論されたとき、自民党衆議院議員の半分が落選すると大反対がおきました。

比例代表制は、その救済策で、これでは、何のための小選挙区なのか、わかりません。

わたしは、両院協議会で、最後まで反対しましたが、多勢に無勢で、押し切られました。

当時の細川護煕首相と小沢一郎幹事長、自民党の河野洋平総裁と森喜朗幹事長が、この法案に合意して、同意書にサインしたのは、周知の事実です。

この選挙改革で、日本の政界が、有象無象の集団となりました。

小選挙区制度で落選した不適格者が、比例代表で復活してくるので、人材の刷新がすすまないのです。

くわえて、小選挙区制は、1選挙区で1名しか当選者がでませんから、選挙が、地盤をひきついだ2世や知名度の高いタレント候補の独擅場《どくせんじょう》となってしまいます。

有望な新人が当選できない選挙制度から、どうして、立派な政治家がでてくるでしょう。

落選者を、党の獲得票数によって復活させるなら、中選挙区制にもどして、2位以下の当選者がでるようにすれば、選挙が、大政党の独占物から、国民のものになって、有望な新人の登竜門になります。

大政党が、中選挙区制をきらうのは、票の分散や同党複数候補者の同士討ちを避けたいからでしょうが、かつて、自民党は、そのきびしい選挙を勝ち抜き、過半数を制してきたのです。

らくな選挙から、たくましい政治家は、けっして、でてこないのです。

4 日本を政党主導型の力強い国にしよう

行政や司法が、国家権力なら、政治＝立法は、国民の代表で、政治が無力であるということは、国民の地位が低いということにほかなりません。

ところが、マスコミは、行政や司法などの国家権力に迎合する一方、国民の代表である政治家をこきおろして、悦に入っています。

これでは、民意が、うまく、国政に反映されません。

政治家＝悪徳権力という図式は、フィクションで、政治家は、有権者から見捨てられるとただの人にすぎません。

政治家にも、国民の代表という自覚がありません。

拠って立つところが国民の利益であることを忘れて、権力に擦り寄り、その権力に取りこまれてしまうのです。

財務省のいいなりになって、消費税を導入したケースがそれで、国民が望んでいる景気対策は、二の次になってしまいました。

政府を運用してゆくには、国民ではなく、権力と組んだほうが便利だからで、そこから政治と国民の遊離がはじまってゆきます。

今回の大震災対策でも、一兆数千億円もの復旧予算を使い残して、財務省のポケットへ戻してしまいましたが、一方で、大震災によって、住む家も仕事も失った多くの被災者が貧窮に苦しみ、悲鳴を上げています。

政治が国民の側に立つのであれば、生活一時金として、被災者に、寄付金や復興資金を迅速に支給するなどして、被災者へ、力強く、手をさしのべるべきです。

ところが、民主党政権は、霞が関の顔色しか見ていませんから、官僚ルール以外のことが何一つできず、全国から集まった義援金や寄付金の分配すら遅々としてすすんでいないようです。

寄付や義援金は、国民が、震災で困っている被災者へ渡してもらいたいと願って出したものですから、その全内容や用途、扱い方法を一刻も早くオープンにして、おカネを出した人、もらう人に安心してもらう必要があります。

政治家や政党が、そういった国民目線の政治をなおざりにして、マスコミも、政党内や権力内部のとるに足らない問題ばかりつたえ、日本の政治は、選挙と権力抗争だけのものとなってゆきます。

大塩平八郎は、庶民の貧しさ、苦しみを見ることなく、金儲けや利殖、権力抗争だけにうつつをぬかす権力者を打倒すべく、乱をおこしました。

わたしは、現在ほど、大塩平八郎のような行動家がもとめられている時代はないと痛感しています。

第5章　日本の歴史、自然と皇室

ブログその12

投稿日：２０１１年8月17日

国家の中心をつらぬいている国体

わたしが主催している「春風の会／皇室問題研究会」では、毎回、国体が大きなテーマになります。

国体とは、歴史であり、民族性であり、日本固有の文化です。

佐藤優さんとの対談をまとめた『大和ごころ入門』（扶桑社／２００８年）でも、国体がとりあげられました。

佐藤さんは、大化の改新以前に、すでに、日本という国家の原型、国体があったと指摘されました。

同書から引用します。

佐藤　国家概念についていえば、我が国の場合、中枢にあったのは農村を中心にした共同体、社稷《しゃしょく》社会だったでしょう。

村上　社稷というのは、中国の『礼記』にある言葉で、建国のときに天子、諸侯が壇を設けて祭った土地の神（社）と五穀（米・麦・粟・豆・黍もしくは稗）の神（稷）のことです。

佐藤　大陸の法制度、律令制をとりいれる以前、わが国独自の社稷が、外国の影響をうけることなく、息づいていました。

村上　おっしゃるとおり、社稷社会としての村が発展して、日本という国家になった。日本は、社稷国家なのです。

佐藤　明治以降、近代化が押し寄せてくるなかで、心ある日本人は考えた。〈このままでは日本は外国に飲みこまれてしまう〉保守という名の下で忍び寄ってくる近代主義、構築主義や設計思想、要するに人知によってなんでもできるんだと思う驕り。どうやって、そこから距離をおくことができるか……。

村上　思いやりを持って自己犠牲的な行動をとるのも「人間」だけれど、エゴで自己中心的になるのも「人間」……。

佐藤　人知によってなんでもできると思うところから、非寛容な発想がでてきましたね。

村上　近代西洋思想は人間が中心です。そこから、自然を破壊し、征服する発想がうまれました。

最近は、征服から共生になりましたが、共生という考え方は、人間の驕りからでてくる西洋的な発想で、人間を主体に据えています。

共生ということば自体に、人間の驕りがあるのです。

つい最近屋久島に行く機会がありました。七千年も生き続けてきた縄文杉を目の前にしたとき、人間という存在の小ささを実感し、共生などという生易しいものではないと神に諭された思いがしました。

山には山の神があり、海には海の神がある。

そういう目に見えない自然の神々によって生かされている。

生かされているということと、共存はちがいます。

人間は絶対じゃない、神に生かされている、自然に生かされている。

そのことを、いまこそ、古代の人たちから、しっかり学ばなければいけないと思いますね。

共生などということばを平気で口にできるのは、人間力をはるかにこえた自然の力によって、人間知が遠くおよばない神妙な世界、本居宣長のいう惟神《かんながら》の世界に生かされているという自覚がないからでしょう。

神々や自然を畏れる感情、感謝の心、祈りを忘れた人間の心の浅はかさ、貧しさに、悲哀さえ覚えます。

今回の東日本大震災、福島原発事故は、驕りや傲慢の頂点にたっした人間界への、自然界からの最後通告で、被災された方々は、その犠牲になられたような気がして、いっそう、心が痛みます。

国家という政治的制度の土台に、祈りとしての国体があります。

保守の思想は、祈りとしての国体に目をむけることです。

そこに、近代主義の思い上がりや人間の傲慢、エゴイズムに汚れた世界をのりこえる何か、神性、霊性というべきものがひらかれます。

日本が、世界から尊敬されているのは、国家の土台にある国体が、万世一系というかたちで、脈々とうけつがれてきたからではないでしょうか。

保守主義というと、西洋の高名な思想家をもちだす人が、すくなくありません。

しかし、どの国にも、独自の歴史、宗教、文化があるように、保守主義も、また、土着的です。

神や祈りが、その国独自のものである以上、保守主義を、よその国から借りてくるわけにはいきません。

ふたたび、『大和こころ入門』から引用します。

村上　川でも海でもそうですが、三神がいらっしゃいます。一番水面に近いところに上筒の神、中ほどに中筒の神、一番深いところに、底筒の神がおられて、そこに、久遠なる流れがあります。

雨が降り、風が吹けば、上筒は、波立ったり、荒れたりしますが、底のほうは、変化がない。荒れ狂い、凍りつく上筒とは別に、永遠に悠々と流れている底筒というものがあるのです。

われわれは、この底筒の神によって守られているのです。

国家も人の生も、底筒の神という久遠のものに守られています。

国体や天皇といえば、右寄りとうけとめられがちですが、国体や天皇は、右でも左でもなく、中心を貫くものです。

中心を貫くもの、底筒の神を失っているのが、現在の政治です。

政治を志す方に申し上げたい。

古代から、国体を学んで、そこから、ぜひ、改革の原型を発見していただきたい。

日本の歴史から「日本という国の成り立ち」や「世界に比類ない国体として現存する万世一系」を学ぶことによって、これから、日本をどういう国にするべきかが見えてくるはずです。

改革とは、安易に他国のシステムを導入することではなく、歴史を学び、歴史のなかに、改革の原型をみつけだすことにほかならないからです。


日本は、古代より、嫡々とつたえられてきた国体の精神をもとに、国家を建設し、国土を富ませ、国力を養い、また、幾多の大災害にもめげず、槌音高く、復興をはたしてきました。

今回の東日本大震災においても、日本人は、世界が驚くほどの熱意と我慢強さで、復興に立ち向かっています。

政治家は、その先頭に立って、全身全霊を注がねばなりません。
それが、国体という祈りをもった政治家のあるべきすがたでありましょう。

合掌。

ブログその19

投稿日：２０１１年10月４日

国民一人ひとりと共有したい万世一系の誇り

国会議員の有志とともに、皇室問題を考える「春風の会／皇室問題研究会」も、回を重ね、９月29日、衆議院第一議員会館で開かれた会合で、第５回目になります。今回は、旧皇族・竹田家（日本オリンピック委員会竹田恒和会長の長男）の生まれで、明治天皇の玄孫にあたる竹田恒泰（慶應義塾大学大学院講師）さんをお迎えしました。

２回目となる竹田先生の今回の講演は、皇室予算がテーマに取り上げられ、国家と皇室の関係が、国家予算という意表をついた切り口で語られました。

竹田さんが示された資料によると、予算として計上されている宮廷費（天皇家）と皇族費（皇族）は、合わせて6億円弱で、官房機密費の半分にもおよびません。

宮内庁関係予算175億円（平成18年度）の多くは、人件費（宮内庁職員1000人）に割かれています。

宮廷費と皇族費の予算を思うと、天皇家や皇族のつつましいお暮らしぶりには、驚かされるばかりです。

とくに、秋篠宮家の5138万円は、秋篠宮文仁親王が、皇太子徳仁親王に次いで、皇位継承順位が第2位の地位にあり、御家族に皇位継承順位第3位の悠仁親王がおられることを思えば、常軌を外れた低額の予算といわざるをえません。（警備などの人員配置も皇太子の東宮御所が50人体制なのにたいして、秋篠宮邸は数人と格段の差があります。つよく、改善をもとめます）

国会議員には、給料と期末手当、文書交通費、ＪＲ各社や航空会社の特殊乗車券、立法調査費、公設秘書給料などをふくめて、国から、年間6400万円以上の直接費が支払われています。

そのほか、政治家は、政党助成金（320億円／国民1人当たり250円）の支給をうけています。

将来、天皇家となられるであろう、秋篠宮御一家の維持費が、国が一国会議員に払っている直接費以下というのは、言語道断ではないでしょうか。

憲法上、天皇は、国家元首ではありませんが、諸外国にとって、日本の元首は、天皇です。

天皇は、日本国の格式の象徴で、各国は、大きな敬意を払っています。

1971年、ニクソン大統領が、昭和天皇が立ち寄られたアンカレッジ空港まで出向き、1975年、フォード大統領が空港に赴き、米軍5軍による観閲儀仗をもって天皇を出迎え、当時、貿易摩擦などで冷え切っていた日米関係を好転させました。

胡錦濤国家主席が、民主党政府に、習国家副主席と天皇の会見を強要したのも、後継者と見込んだ習副主席に箔をつけるためでした。

胡錦濤自身も、副主席時代、来日した折に天皇と会見して、その後、主席に昇格しています。

価値観の異なる中国でも、天皇との謁見が、最大の名誉なのです。

訪日したオバマ大統領も習国家副主席も、陛下への謁見には、最敬礼をしています。

アメリカ大統領が、最敬礼や空港への出迎え、5軍による観閲儀仗をもって敬意を表するのは、世界で、天皇陛下のほかには、ローマ法王と英国君主がいるだけです。

国際儀礼でも、天皇は最上位で、英国君主は、公式の席で、天皇陛下に上座を譲り、外国を訪問した際、元首の訪問をうけるのが慣例になっているローマ法王（ヨハネ・パウロ2世）も、1981年、訪日した折に、皇居に出向いています。

世界が、天皇を最高権威とみるのは、世界最古の国家における万世一系のエンペラーだからです。

世界の人々は、日本人を「偉大な天皇の国の国民」と見ているのです。

ところが、一部の日本人に、世界のこの常識が通用しません。

万世一系の天皇の存在によって、日本国や日本国民が、世界から尊敬をうけていることに、気がついていないのです。

天皇や皇室を軽視する風潮は、皇室の廃絶をめざしたGHQの方針から日教組教育へひきつがれて、戦後育ちの政治家、とりわけ、民主党議員にすくなくありません。

韓国で、皇室の正統性を否定する講演をおこない、習国家副主席と天皇の会見を強要した折の記者会見で、天皇を、憲法や内閣の操り人形であるかのように発言した小沢一郎氏、「議会開設120年記念式典」で、秋篠宮ご夫妻に暴言を吐いた中井洽衆院予算委員長らには、皇室にたいする敬意が、みじんもかんじられません。

戦後、11宮家51名の旧皇族（男子26名）の皇籍離脱を命じ、皇室の廃絶や弱体化を意図したＧＨＱの方針は、サンフランシスコ平和条約締結後もひきつがれました。

その一つが、天皇家からの財産没収だったでしょう。

天皇家の財産は、主に森林でしたが、国は、最高90％という相続税をかけて、これらの森林をすべて国有地にしてしまいました。

国民や個人としての権利がなく、健康保険の恩恵さえうけられない天皇家や皇族にたいして、税金だけは、きびしく取り立てたのです。

皇室への寄付は、限度つきで容認されているものの、この日、会に出席された伊吹文明衆議院議員が懸念されたように、皇室の利用につながるため、現実的には、不可能でしょう。


城内実衆議院議員からは、天皇と国民、国家との霊的なつながりである宮中祭祀の重要性が指摘されました。

城内議員によると、宮中祭祀にたずさわるお付きの方々を、４年任期の公務員にしようという話がすすんでいるようです。

宮中祭祀は、政教分離のタテマエから、天皇個人の神事とされています。

何十年も天皇に仕え、神事に奉仕している女官らが、公務員になって、宮中祭祀の伝統が、はたして、まもられるでしょうか。


国民のあいだには、天皇や皇室にたいする尊敬心や誇りが、深く根づいています。

ところが、政治家や役人から、その心がかんじられません。

皇室の問題は、政治や憲法ではなく、国体の問題です。

歴史や文化、国体を誇りに思う国民にとってこそ、大きな問題です。

「皇室問題研究会」は、国会議員の集まりですが、今後は、シンポジウムや講演会などをとおして、国民運動へと広げてゆかなくてはならないでしょう。

世界が尊敬する世界最古の国家、日本の万世一系の伝統を、国民一人ひとりと共有したいと、つよく、願うばかりです。


合掌。

ブログその24

投稿日：２０１１年11月７日

皇室への尊敬心は国会議員が範を垂れるべき

10月27日、第６回目の「皇室問題研究会」は、皇室問題にお詳しい評論家の加瀬英明先生を講師にお迎えしました。

出席された国会議員は、伊吹文明（自民・衆院）、下村博文（自民・衆院）、城内実（無所属・衆院）、笠浩史（民主・衆院）、長尾敬（民主・衆院）の先生方で、和という日本的な価値観の中心に天皇がおわしますという加瀬先生のお話に熱心に聞き入っておられ、そのあと、加瀬先生と活発に意見の交換がおこなわれました。

敗戦後、元首の在位が継続した例は、世界史のなかでも稀有で、そこに、ヨーロッパの王政とは異なる日本の皇室の特異性があります。

ヨーロッパの王政は、権力ですが、日本の皇室は、古代より、民とともにある「和」の象徴だったというのが、加瀬先生のご指摘でした。

加瀬先生は、日本の神話のおおらかさ、優しさを強調されました。

世界の神話は、残酷きわまりなく、ゼウスの神は、天上から火を盗んで人間にあたえたプロメテウスを岩山にはりつけます。そして、大鷲を送って、内臓を食い破らせます。プロメテウスは不死ですから、翌朝には身体が復活します。すると、ふたたび、大鷲がやってきて、腹を食い破ります。

日本の神話には、こんな残酷な話は、でてきません。

西洋の神は男性ですが、日本では、女神の天照大御神が最高神です。

女性を至上神とする文明は、日本のほか、例がありません。

そこに、日本人の優しさの秘密があるように思われます。

天照大御神は、弟神の素戔嗚が悪事をはたらくのをかなしんで、天の岩屋戸に閉じこもってしまいになる。

素戔嗚を罰するのではなく、みずから、姿を隠されるのです。

そこに、男性神のゼウスとは異なる日本の女性神のおだやかさがあります。

太陽神である天照大御神が、天の岩屋戸に籠もられると、高天原が闇に閉ざされます。

そこで、八百万の神々が、天の安の河原に集まって、善後策を講じます。

これを、神謀《かむばか》る、というのだそうです。

万策が尽きたとき、女神の天鈿女命《アメノウズメ》が、裸踊りを演じます。

八百万の神が、笑いどよめくと、天照大御神が、何事かと、岩戸をすこし開けて、外を覗き見ます。

このとき、天手力男命《アメノタヂカラオ》が天照大御神の御手をとって引きだし、高天原にふたたび光がよみがえります。

このおおらかな神話に、日本の和の精神の原型をみることができないでしょうか。

一神教の国々は、一人の指導者が国をまとめてゆきますが、日本は、何事も、相談してきめます。

「かむばかる」とは、衆知を寄せることで、日本では、一人の指導者に全権をゆだねるのではなく、何事も、みなで相談してきめる文化が、古代から、根づいていたのです。

和の文化では、自己主張や利己心を抑え、譲り合い、助け合い、自制することが美徳になります。

聖徳太子が制定した『十七条憲法』の第一条に「和を以て貴しとなす」、第十条に「じぶんだけ正しいと思ってはならない」、第十七条に「大切なことは、全員でよく相談しなさい」とあります。

『十七条憲法』は、世界最古の民主憲法で、日本には、神代から、和の精神を土台にした民主主義があったのです。

明治に入るまで、日本語に「指導者」ということばがなかったというのは、初耳でした。和の国、日本には、指導者が必要なかったからでしょう。

宗教ということばも、明治時代の訳語で、他の宗派をみとめず、じぶんだけが正しいとするのが、宗教ということばの意味だそうです。

日本は、神仏習合ですから、西洋の宗教に比べると、ずいぶんおおらかな信仰心だったことになります。

会場で、昭和22年の新聞（中國新聞）のコピーが配られました。

1面の見出しに、御写真とともに「原爆の都にわれらの天皇」という大きな活字が躍っています。

2面トップの見出しには「天皇もみくちゃ歓呼の奔流」「萬歳、廿萬の大合唱」「盡きぬお別れ・男泣き」とあります。

そこから、なぜ、天皇にたいする尊敬心が失われたのか、というテーマで、自由討論になりました。

万世一系、天皇にたいする宗教心が失われたためというのが、一致した結論でした。

天皇への宗教心は、戦後、薄れましたが、世界各国の元首は、天皇にたいして、つよい宗教的感情をもっています。

外務省に入省後、ドイツ語の通訳官として、首相や天皇の通訳をされた経験をおもちの城内議員が、興味深い話を披露されました。

16年にわたって西ドイツの首相を務め、ドイツの再統一という偉業を成し遂げたコール元首相は、大柄で、他国の元首にたいして、やや不遜な態度をとることで知られた人です。

このコール元首相が、天皇と謁見するとき、大きな身体を90度に折って、最敬礼をしたというのです。

１９７1年、ニクソン元大統領は、訪欧の途中、アラスカに立ち寄られた昭和天皇をアンカレッジ空港まで出迎え、１９７5年、米軍5軍による観閲儀仗と正装で天皇を空港に出迎えたフォード元大統領は、緊張のあまり、膝がふるえたと述懐しています。

訪日したオバマ大統領も習国家副主席も、陛下への謁見には、最敬礼で接しています。それが、天皇にたいする宗教的感情で、外国では、権威を重んじない人、尊敬心をもたない人は、二流、三流の人物とみなされます。

伊吹議員が、最近の新聞記事を持参して、問題を提起しました。

両陛下と皇太子御夫妻の震災被災者避難所への御訪問を報じる記事ですが、驚いたことに、朝日新聞は、皇室にたいして、敬語をまったくもちいていません。

読売新聞は、一部、敬語をもちいていないケースがあり、日経・東京新聞では、これが逆転しています。

朝日新聞を例にあげると、敬語をもちいるべき箇所が、「訪れた」「見舞う」「慰問する」「訪問する」「希望している」「視察してゆきたい（意向）」「滞在となった」という表現になっています。

これらは、本来、「お訪ねになった」「見舞われた」「慰問された」「訪問された」「希望された」「視察されたい（ご意向）」「ご滞在となった」とあるべきでしょう。

下村議員は、週刊誌の皇室記事が新聞広告に載ることによって、皇室にたいする尊敬心を欠いた不敬な表現が、多くの人の目にふれることへの危惧を示されました。

尊敬心や宗教の感情は、上から下へつたわってゆくものです。

親が、天皇への尊敬心をもてば、子どもも、おのずと、皇室に敬意を払います。

宗教とは何か、神とは何かという理屈から、信仰心は、うまれません。

信仰心は、親や祖先、先人が祈り、崇敬する姿を見て、育まれ、広がってゆきます。

崇高なものだから、祈り、崇敬するのではなく、祈り、崇拝することによって、心眼が開かれ、崇高なものが見えてくるのです。

その範を垂れるべきは、政治家です。

政治家が、天皇や皇室にたいして、宗教的感情をもつことによって、国民も、万世一系の歴史に崇敬心を育むことができるのです。

ところが、実際は、逆で、天皇の御臨席をお待ちになっておられた秋篠宮ご夫妻に狼藉のことばをぶつけた中井洽議員が、懲罰もうけず、この国会においても、衆議院の予算委員長に再任されているような有様です。

天皇が御臨席される国会開会式を欠席する議員も少なくありません。

わたしは、かつて、自民党の参議院幹事長・議員会長を務めていたとき、議員総会の挨拶で、開会式の出席は、もとより、全員に、モーニング着用のことと申し上げました。

尊敬心が乏しく、権威を重んじない人は、二流、三流の人物と言われても、いたしかたないでしょう。

「あるべきように」（栂尾明恵上人遺訓）、この7文字こそ、政治の要諦であります。

合掌。

3月11日を「鎮魂と日本の復活を祈る日」にしましょう。

ブログその30

投稿日：２０１１年12月13日

万世一系の「歴史的霊性」が天皇の権威

11月24日、京都大学の市村真一名誉教授をお迎えして、国会議員による「皇室勉強会」が開催されました。

「皇室勉強会」は、もともと、中曽根内閣の時代、藤波孝生先生ら官房長官経験者が中心になってつくられた非公開の集いでした。

現在の「皇室勉強会」は、その精神を踏襲して、今年5月、超党派の若手議員によってつくられた勉強会で、これまで、６人の講師をお迎えして、7回、回を重ねてきました。

第１回／小堀桂一郎先生（東京大学名誉教授）５月12日

第２回／大原康男先生（國學院大学教授）６月９日

第3回／佐藤之雄先生（京都大学教授）8月4日
第4回／竹田恒泰先生（竹田宮恒徳王孫、慶應義塾大学大学院講師）8月30日
第5回／竹田恒泰先生（竹田宮恒徳王孫、慶應義塾大学大学院講師）9月29日
第6回／加瀬英明先生（外交評論家）10月27日
第7回／市村真一先生（京都大学名誉教授）11月24日

藤波孝生先生と一緒に、20数年前、「皇室勉強会」を発足させた経緯をお話ししておきましょう。

きっかけは、中曽根元総理が、肌身離さず、持ち歩いていた1冊の書籍でした。

昭和61年、自民党が300議席をえて圧勝、第3次中曽根内閣が成立した際の選挙は、衆参ダブル選挙ということもあって、熾烈をきわめました。

わたしは、中曽根元総理に随行して、全国を回り、激しい選挙戦をたたかっていました。政治権力が、火花を散らしてぶつかりあう選挙戦は、日々、戦場のようで、食事や睡眠の時間を十分にとることができません。

そんな忙しい渦中でも、元総理は、寸暇を割いて、1冊の本を読んでおられました。元総理が、睡眠を十分にとっていないことを知っていたわたしは、あるとき、新幹線のなか

でも、本を手放さない元総理に、仮眠をとるように勧めました。

元総理は、読み止《さ》しの本を傍らにおいて、お休みになりました。

本の題名は『大嘗祭』（吉野裕子著・弘文堂／１９８７年）で、栞紐が頁の半ばにかかっていました。

目覚められたあと、「むずかしい本をお読みですね」と申し上げると、諭すように、勉強しなければ、伝統を継承することはできないと言われました。

「宮中祭祀は、政治家にとって、おろそかにできない重大事。ご大喪やご即位、皇族のご婚儀、また、祝祭日行事など、国家的な宮中祭祀は、政治家が、立派に成し遂げなくてはならない」

わたしが、当時、官房長官を務めていた藤波先生にこのことを話すと、藤波先生は、大いに賛同の意を示され、橋本龍太郎元首相と小渕恵三元首相を筆頭に、その他、官房長官の経験者ら7、8名ほどの自民党議員に声をかけ、宮内庁長官をはじめ、学識経験者からお話を伺う「皇室勉強会」を発足させることになったのです。

過日、番組のタイトルは失念しましたが、ＮＨＫテレビで、女性の司会者の、国会議員の皇室問題にたいする関心が低いのではないかという発言を耳にしました。

「皇室勉強会」は、国会議員20余名による超党派の集いですが、折しも、宮内庁が「女性宮家創設」を政府に申し入れ、秋篠宮殿下が天皇定年についてご発言をなさるなどの情勢をふまえ、今後、よりいっそう、精進を重ねなくてはならないでしょう。

皇室問題は、伝統の継承であり、民主主義などの近代的観念で語られるべきものではありません。

もとめられるのは、歴史的見識の勉強、そして、国家的見地に立つという、政治家として欠くべからざる心構えです。

当勉強会も、今後、内輪の勉強会から活動の場を外に広げ、世論をリードする国会議員の良識と行動の一大基地としなければならないでしょう。

この日、参加されたのは、伊吹文明（自民）、下村博文（自民）、平将明衆院議員（自民）、笠浩史衆院議員（民主）、長島昭久衆院議員（民主）の諸先生方で、市村先生が提案なされた「皇室典範を改正しなければ宮家が無くなる」という切迫したテーマをめぐって、活発に質疑応答がおこなわれました。

とくに白熱したのは、女系・女性天皇をめぐる問題で、女系・女性天皇をおみとめになる市村名誉教授と男系・男子の伝統を重視される伊吹、下村両先生のあいだで、本質的な議論が交わされました。

市村先生は、男系・男子に拘泥するのは、楽観論といわれます。旧宮家の皇族復帰や皇室典範改正がおこなわれなかった場合、皇室そのものが無くなってしまう事の重大さから、女系・女性天皇の容認をやむなしとされるのです。

これにたいして、伊吹議員と下村議員は、男系・男子による皇統の継承を前提に、旧宮家の皇族復帰と皇室典範の改正に言及されました。

男系・男子による皇統は、数千年にわたって、側室制度と皇族係累によってまもられてきました。

その土台がゆらいだのは、昭和22年、ＧＨＱの影響下で実施された11宮家の臣籍降下と皇室典範の改定でした。

この改革によって、皇室の財産が没収され、皇族が大ぜい皇籍を離れました。

そして、憲法外にあった皇室典範が憲法に組みこまれ、皇室の維持が、国家予算でまかなわれるようになりました。

国体・皇室の維持に否定的だったＧＨＱには、皇室の安泰やお世継ぎ問題への配慮がなかったのです。

現在の国家および国体の不安定さは、昭和27年の属国解除の不手際から生じたといってよいでしょう。

サンフランシスコ平和条約締結時に、敗戦国条項破棄の名分で、憲法を改正し、皇室典範の位置づけを正して、臣籍降下された11宮家の復帰を実現すべきだったのです。

宮内庁が、女性宮家の創設を申し入れたのは、今上天皇の血筋だけでは、皇統をたもてなくなりかねないからです。

皇室典範には、「天皇及び皇族以外の者と婚姻した皇族女子は皇族の身分を離れる」（第12条）となっています。

「天皇及び皇族は養子をすることができない」（第9条）という条項もあります。

側室制度があり、宮家の数が多かった戦前までは、9条も12条も大きな問題にならなかったでしょう。

ところが、昭和22年に、11宮家の臣籍降下という思わぬ大事件が勃発したのです。

宮家が激減すると、皇室、皇族のなかで、皇統を継ぐ男子が少なくなるのは、当然です。

現在、天皇家と皇族は、わずか、22人しかおられません。

皇族のうち、男性は7人、女性は15人で、未婚の女性が8人おられますが、女性皇族は、結婚されると皇族から離れるため、皇族の人数は、減少の一途をたどることになります。皇位継承権をもつ男系・男子も、秋篠宮ご夫妻の御長男である5歳の悠仁親王お一人だけです。

本来、宮家の臣籍降下には、皇室や皇族の養子を禁じた9条の撤回が不可欠でした。皇統を継ぐ男系・男子の養子以外に、宮家の激減という危機を補完する方法がないからです。

女性宮家の創設は、焦眉の急です。

併せて、天皇・皇族の養子を禁じた皇室典範を改正しなければなりません。

そこから、旧皇族男系・男子の皇族復帰という道がひらかれます。

女性宮家の創設は、そのための前提となるものです。

しかし、一つ、危惧があります。

女性宮家の創設が、女系・女性天皇容認論へすりかえられてしまうことです。

女系・女性天皇で、万世一系という歴史の霊性と皇室の伝統をまもることはできません。

女性天皇はともかく、女性天皇のお子が天皇となられる女系天皇においては、皇室の血筋が新天皇の父方の系統へ移り、神武天皇以来の万世一系が絶えてしまうからです。

皇統を失うということは、皇室が、日本の神話から切り離されるということです。
神話と無縁の天皇に、万世一系の「歴史的霊性」や権威がそなわるでしょうか。

天皇の権威は、神話や神武以来の皇統の正統性にあります。

男系・男子の万世一系こそが、本来の天皇のすがたであり、皇室の権威は、世俗的な人気や身分制度、天皇個人の資質にあるのではありません。

かつて「皇室典範に関する有識者会議」の吉川弘之議長は、答申をだすにあたって、国民の平均的意見で、伝統には配慮を払わなかったとのべましたが、皇位継承は、国家国体の伝統の問題で、大衆迎合の産物であってはならないでしょう。

皇位継承問題、とりわけ、女性宮家創設の問題は、猶予がゆるされません。

政治家が、見識と危機意識をもって立ち上がり、行動に移さなければ、国家の背骨をなす国体という伝統が、大衆迎合的な論法によってなしくずしにされ、やがて、破壊されることになります。

読売新聞が「『女性宮家』の創設検討　宮内庁が首相に要請」というスクープ記事を載せたのは、「皇室勉強会」が開かれた翌日（11月25日）のことでした。

新聞記事に先立って、当勉強会で、「皇統継承」について議論されたのは、このテーマが、立憲君主国であるわが国と皇室にとって、それだけ、喫緊の問題だからでしょう。

今回の「皇室勉強会」では、出席議員が、議員連盟の設立と活動の拡大という基本方針に合意しました。

次回は、議員連盟の設立趣旨と新たな運動方針について、いっそう真摯な議論がおこなわれるはずです。

合掌。

３月11日を「鎮魂と日本の復活を祈る日」にしましょう。

ブログ（自著）解説⑤

第5章　日本の歴史、自然と皇室

1　皇室は世界に冠たる誇り

小泉内閣の折、女性天皇を容認する皇室典範改定案が大きな問題になりました。秋篠宮文仁親王と紀子親王妃のあいだに悠仁親王が御誕生されたため、皇位継承資格の議論は収束しましたが、野田内閣で、ふたたび、むし返されました。

日本の皇室は、神武以来、万系一世、男系で維持されてきました。

これが日本の伝統で、日本人が共有してきた皇室の歴史です。

伝統を守るには、伝統を学ばなければなりません。

１９８６年、当時の中曽根康弘首相が、政治生命を賭けた衆参ダブル選挙がおこなわれました。わたしは、請われて、自民党全国組織副委員長に就任して、中曽根先生の全国遊説のすべてに同行しました。

自民党の浮沈と中曽根先生の政治生命がかかった凄まじい選挙戦で、当時の記録は、単行本『炎の記録・Ｗにかけた中曽根康弘』（村上正邦著・角川書店）にしたためて、いまも、机の上においています。

そのとき、中曽根先生が、あのきびしい日程にもかかわらず、皇室行事の分厚い専門書を片時も手離さず、飛行機や列車で移動中などの寸暇を惜しんで、読みふけっておられるのを見て大変感動しました。

わたしが、官房長官経験者を中心に、「皇室勉強会」をつくったのは、そういう経緯があったからで、月に1回の勉強会に、宮内庁長官をお呼びしたこともありました。

民主党政権になってから、改めて、超党派の勉強会を主催し、最近、この勉強会が議員連盟に昇格して、新たな活動をおこなっています。

日本の皇室は、国体の表徴であり、日本人の誇りです。

２０１２年の5月、両陛下が、イギリスのエリザベス女王の即位60年のお祝い式典に出席されました。

皇室や王室が、国家の格式の土台となり、それが、国民の品格や文化の重厚さをつくりあげる――それが伝統国家のすがたで、日本人は、自国の格調の高さをもっと誇ってよいでしょう。

国賓や公賓にとって、天皇陛下との謁見が最大の名誉で、各国首脳は、天皇との会見を人生最大の誉れにしているといいます。

天皇が、日本だけではなく、世界的な存在であらせられることを忘れるべきではないでしょう。

2 悠久の日本

屋久島には、縄文時代から連綿といのちをつないでいる古代杉の森があります。

わたしは、この屋久杉に、縄文の太古から今日まで、悠久の歳月を経てきた日本という国家のイメージを重ね合わせて、いまでも、熱い思いに駆られます。

わたしが、初めて、国会で議席をえた昭和55年に、屋久島の原生林を守ろうという人たちから陳情をうけました。

当時、樹齢数千年の屋久杉を伐採する計画がすすめられ、地元議会も承諾していましたが、京大霊長類研究所の研究者や「屋久島を守る会」のメンバーらが、与野党の国会議員へ陳情をおこなっていました。

商業目的で古代杉を計画伐採するなど、いまなら、とんでもない暴挙ですが、自然保護という考え方が浸透していなかった当時、日本の自然は、経済至上主義の前で、ずいぶん粗末にあつかわれていたのです。

その頃、わたしは、地方遊説などで、「国の命」「人の命」「自然の命」の三つの命を守ろうと訴えてまいりましたが、孤軍奮闘という様相でした。

その折、陳情をうけて、当時、予算委員長だった植木光教先生に、「予算委員会で質問させて欲しい」と頼んでみましたが、「10年早い」と一蹴されました。

それでも、議員1年生だったわたしが、予算委員会で質問できたのは、かつて、秘書として仕えた玉置和郎先生が根回しをして下さったからです。

青嵐会のメンバーで、のちに「政界のフィクサー」「寝業師」と呼ばれる玉置先生の押しのつよさ、ねばりづよさは一流で、ある日、「1時間、時間をもらった、しっかりやれ」と朗報をもってきてくれました。

１９８2年の予算委員会で、わたしは、当時の農水大臣に、「いま、屋久杉を伐採してしまうと、世界に誇る古代杉を育てるのにあと３０００年もかかる」と屋久杉伐採計画の中止を訴えました。

その後、内閣改造で、農水大臣が、青森県選出の田沢吉郎先生に代わったため、先生に原生林を見ていただこうと屋久島へお誘いしました。

屋久島へは、鹿児島から飛行機を乗り継いでゆく予定でしたが、天候が悪化して、空港事務所から飛行許可がでません。許可がでたのは、わたしが空港係員を怒鳴りつけたからではなく、天気がやや回復したからですが、屋久島は、折からの低気圧の風と雨に見舞われていました。

悪天候のため、徒歩では、原生林のある山岳地帯に近づけず、ヘリコプターで上空から見るほかありません。

ところが、田沢先生が、チャーターした民間のヘリコプターに乗りたがりません。悪天候のなか、飛行機を乗り継いでやってきて、こんどは、操縦士までが渋る雨と風のなかの飛行ですから、高所恐怖症の田沢先生が尻込みしたのは無理もありません。

「田沢先生は、屋久杉のいのちを救うためにやって来られました。森の精霊が、かならず守ってくれます。ここで引き返したら、精霊の怒りを買って、帰りの飛行機の安全もあやしくなるでしょう」

足取りの重い田沢先生をヘリコプターへ押し込み、上空から眺めた屋久杉の森は、靄がかかった荘厳なたたずまいで、田沢先生も、身をのりだして、熱心に見入っておられました。

その直後に開かれた委員会で、わたしの質問にたいして、田沢農水大臣は、はっきりとこうお答えになりました。

「屋久島の原生林は、残すべきというのが、私の考えです」

この大臣答弁で、伐採計画に同意していた地元議会も決定を撤回させ、森林保護の請願を採択しました。

その10年後の１９９２年、日本が１２６番目の世界遺産条約の締結国となった翌年の１９９３年、白神山地と並んで、屋久島が、日本で最初の世界自然遺産に登録されました。

わたしは、いまでも、孫たちを連れて、この島へでかけるのをたのしみにしております。

３　皇室に敬意を払わないと国家は滅亡する

皇太子がお住まいになられている東宮御所と秋篠宮親王邸では、予算や生活環境に大きな隔たりがあるようです。

皇位継承権の有無だけで、皇族を差別的に遇するのは、国民感情に馴染みません。

わたしは、宮内庁行政が、国民感情とかけ離れていることに、つよい違和感を覚えます。

国立劇場でおこなわれた「東日本大震災一周年追悼式典」で天皇陛下がご入場、ご退場になられるとき「着席したままにしてください」というアナウンスが流れました。

どこの国でも、大統領や国王の入場や退場時には、全員起立するのが最低限の礼儀ですが、当日、式の主催者は、あえて、起立表敬をやめさせました。

世耕議員の国会質問に、藤村官房長官は、事務方に責任を転嫁しましたが、皇室のあり方も、一事が万事、すべて、宮内庁の事務方に任せて、政治家は、ただぼんやりしているだけではないでしょうか。

「議会開設120年記念式典」で、民主党の中井洽元国家公安委員長が、天皇皇后両陛下のご入場まで起立されていた秋篠宮ご夫妻に、「早く座れよ。こっちも座れないじゃないか」と野次をとばしましたが、懲罰委員会にかけられるどころか、その後、予算委員長に就任しています。

皇室に敬意をもたない事務方や皇室に無関心な政治家と、皇室を敬愛する国民とのあいだに大きな心の隔たりがあるのです。

小沢氏は、天皇と習近平副主席の会見強要について、天皇は、憲法や内閣に規定されるにすぎない憲法上の存在と言い放ちましたが、心ない政治家や事務方（官僚）のそういう粗雑な認識が、国民の心を裏切って、皇室を粗末に遇する悪風をつくりだしているのではないでしょうか。

国民や外国は、天皇を憲法上の存在とは思っていません。

天皇は、日本人の心の支柱で、外国には、歴史や伝統に裏付けられた最高権威なのです。

わたしは、参議院自民党議員会長の時代、参議院の自民党議員総会で、天皇が開会式などで国会にお出ましになるとき、皇室行事や年賀、お誕生祝賀などで宮中参賀をおこなう際にモーニングを着て出席するよう、全員に申しつたえました。

政治家にとって、天皇にお目にかかることは、君臣の義で、ゆめゆめ、おざなりにできないことです。

ところが、いまの政治家には、そういう認識がないので、天皇から施政を託されているという厳粛な精神がうまれないのです。

わたしは、天皇や皇室への敬意は、日本人の遺伝子にそなわっている血統と思っています。

戦争に負けて、天皇が人間宣言をなさっても、日教組が学校教育で反天皇を教えこんでも、政治家や官僚が天皇を軽んじても、天皇や皇室にたいする国民の敬意は、いささかもゆるぎません。

天皇への思慕は、歴史や先祖を大事にする日本人の魂だからです。

４　天皇陛下にたいする想いは生活の根本にある

ＫＳＤ事件で、有罪判決が下って、収監されるとき、陛下に申し訳がない、冤罪を証明して、陛下にご安心いただきたいと、それぱかり考えておりました。

そのためには、国とたたかわなければなりません。

立法府にいた国会議員として、国とたたかわなければならないと肝を固めたとき、心にうかんだのが、天皇でした。

天皇にお仕えするという覚悟、よろこびは、現実政治としての国家をこえています。

特攻隊は、天皇陛下万歳といいましたが、日本帝国万歳とはいっていません。

かれらは、天皇に表徴される日本の歴史のために散ったのであって、日本帝国のために生命を捨てたわけではないからです。

わたしは、「天皇国日本」と御揮毫下さった谷口雅春先生の書を壁に飾って、毎日、合掌しています。

わたしにとって、政治とは、天皇の大御心に応えることです。

政治家が、天皇に敬意を払わなければ、政治が衰弱して、国家は衰退していきます。

政治や法、現在の国家形態は、悠久の歴史から見ると、一過性のものでしかなく、この国の数千年の歴史をつらぬいている真実は、国家の繁栄と国民の幸を祈ってこられた天皇の大御心にあるからです。

政治が、権力闘争や党利党略、利権漁りや権力の濫用など、悪の温床となるのは、国や民のために、日々、祈っておられる天皇が不在になるからです。

天皇への敬慕を忘れることは、政治家として資格を失うことと、心していただきたいと思います。

第6章　日本国憲法について

ブログその23

投稿日：２０１１年11月１日

護憲勢力にふみにじられる憲法の精神

ジャパンライフの山口隆祥会長からご招待をいただき、鹿児島を旅してまいりました。宿泊させていただいたのは、同社工場の敷地（霧島）内に完成したばかりの迎賓館で、眺めのよい丘の上から、はるかに、桜島を望むことができました。

迎えてくださった霧島市の前田終止《しゅうじ》市長は、自民党の中尾さんや二階堂さんの秘書をされた方で、久々の邂逅に、たいへん懐かしい思いをいたしました。

心残りだったのは、連絡のいきちがいから、和気神社（霧島市）の三宅宮司とお会いできなかったことです。

三宅宮司は、元号法制化を訴え、割腹自決された大東塾の影山正治氏の薫陶をうけた方で、お会いできたら、話がはずんだことでしょう。

大東塾は、終戦後、影山正治氏の父親、庄平氏と塾生13名が、敗戦の責任をとって、「天皇陛下万歳」と書き残して、割腹自決をはたしています。

大東塾の自決事件は、国家や天皇を否定するなら、自死をもって為せ、という意思表示とうけとめられ、思想界に大きな衝撃をあたえました。


この原稿をまとめているとき、リビアにおいて、42年間、独裁者として君臨したカダフィ大佐が捕らえられ、反カダフィ派政権の兵士に射殺されたというニュースがとびこんできました。

逃げこんだ排水用の穴からひきだされたカダフィは、「撃つな、撃つな」と懇願したといいます。

思いうかんだのが、最後の砦となった城山で、死を覚悟した西郷隆盛のことばです。

「晋どん、もうこのへんでよかろう、首を頼むぞ」

岩崎口で抗戦中、脇と腹に被弾した西郷隆盛は、遥かに皇居の方向を伏し拝み、ともに転戦してきた別府晋介の介錯のもとで自刃しました。

それが、日本人の死生観で、西郷南洲（隆盛）の漢詩に、「生死何ぞ疑わん　天の附与

せるを　願わくば魂魄を留めて皇城を護らん」という一節があります。
カダフィとの死に様のちがいが、いやがうえにも、際立ってかんじられます。

和気神社は、天皇と深いかかわりがあります。

天皇になろうとした奈良時代の怪僧、道鏡の謀略を破った和気清麻呂公を祀っているからです。

このとき、清麻呂の残したことばが「天の日継は必ず帝の氏を継がしめむ。無道の人は宜しく早く掃い除くべし（わが国の皇位は、天皇が継ぐと定まっている。道理から外れた者は排除されなければならない）」でした。

世界最古の国家、数千年におよぶ皇統の歴史において、天皇になろうとした無道の者が、道鏡のほかにいなかったことは、驚くべきことです。


鹿児島では各地を巡り、寺田屋事件で九死に一生を得た坂本龍馬が妻お龍とともに新婚旅行にでかけた塩浸温泉や名瀑・犬飼の滝、西郷隆盛や大久保利通などを輩出した鹿児島市加治屋町の「維新ふるさと館」も訪ねました。

もっとも印象的で、感銘をうけたのは、南九州市知覧町の知覧特攻平和会館でした。

同会館へは、昭和という激動の歴史を生きてきた証として、かならず訪れたいと願っていただけに、特別の感慨をもって、足をふみいれました。

戦闘機による敵艦撃沈をはかった特攻隊による体当たり攻撃などで、散華した特攻隊員は、1万4000人にものぼりますが、知覧飛行場からは、1035人が出撃しています。特攻隊の平均年齢は、20歳にみたず、多くは、少年の面影を残した下士官、学徒動員の若者でした。

終戦時、13歳だったわたしと年齢がそれほど隔たっていない若者が、志願して、特攻機に乗り込むすがたを思い浮かべるたび、わたしは、いまも、胸が一杯になります。

今回も、同会館に足をふみいれたとき、膝が震えるのをおさえることができませんでした。

特攻隊の残したことばが「後に続くを信ず」でした。

戦場に散華するじぶんに続いて、残った者が、国家を立て直せよという檄とうけとめるべきでしょう。

はたして、戦後の日本人は、かれらの後に続いたといえるでしょうか。

同会館のそばに、小泉純一郎元首相が訪れた記念碑がありました。

知覧を訪れた首相は、小泉さんだけだったのでしょうか。

歴代首相が、知覧を訪れていなかったのなら、これほど、残念なことはありません。

戦後、日本は、経済復興と高度経済成長をなしとげ、平和外交と経済発展、民主化などをとおして、先進国の仲間入りをはたしました。

わたしは、知覧で、英霊にそのことを報告しましたが、18年前、自民党の単独政権が崩壊して以来、日本は、敗戦から立ち上がってきたエネルギーや情熱、理念を失って、迷走してきたように思います。

とくに、小泉政権以降、日本は、先進諸国のなかでもっとも自由で平等だった社会構造が崩れ去りました。

アメリカ的な新自由主義の導入によって、社会格差が広がり、経済や就職、年金などの社会保障分野で停滞があらわれはじめました。

戦後、日本は、弱者にたいする配慮をもって、国家の安定と成長をはかってきました。

国民のすべてが豊かになることによって、経済を発展させようというのが、池田元首相の所得倍増計画で、失業率の低さ勤勉さ、金持ちがいない代わりに貧困層もいない平等な社会が、日本経済の強さでした。

当時、社会党は、労働者の党でしたので、労働組合の賃上げ闘争を支援していました。自民党も、社会党の要請を容れて、政策協定をむすびました。資本と労働が協調して、豊かさと平等な社会的制度の両方を築きあげてきたのです。

ところが、小泉政権からリストラ（首切り）を推奨する風潮になり、格差社会の出現を危惧する声に、小泉さんは、「人生いろいろ」とうそぶく始末でした。

旧社会党をひきついだ民主党も、経済や雇用、社会保障などには目をむけず、社民党とともに、政治イデオロギーをふりまわす党になりました。

わたしは、現在の日本の政治の弱点は、弱者の味方になる政党が不在になったところにあるのではないかと考えています。

ニューヨークのウォール街をはじめ、全世界で、格差社会（１％の人々が富を独占している）や失業、社会保障の後退に反対して、抗議行動をおこしています。

世界中に広がった新自由主義という競争原理が、多くの貧者や敗者、差別をうみだしてしまったのです。

北欧諸国の個人所得や個人当たりのＧＤＰが高いのは、社会の土台に平等があるからです。

1％の大金持ちと99％の貧しい人では、経済活動が停滞します。生産や消費がダイナミックになって、経済が豊かになるのは、国民のすべてが平均的な暮らしができる国なのです。

日本が、世界第2の経済大国になったのも、土台に、一億総中流という自由で平等な社会があったからです。

自由と平等がないところに、社会の豊かさも文化の高さも、国家の安定もありません。

競争原理で、社会を発展させようとしたブッシュ・小泉の新自由主義は、誤っていたのです。

日本は、憲法で、自由や平等、人権を謳っています。

わたしは、護憲主義者ではありませんが、節度ある自由や平等、人権が、社会を豊かに、活気あるものにしてきたのは、うごかしがたい事実です。

ところが、この憲法の精神は、現在、護憲勢力によって、脅かされています。

改憲という結党以来の党是を捨てた自民党が、新自由主義に走り、民主党は、国民固有の権利を蹂躙する外国人参政権をすすめ、選挙権のない在日外国人の献金をうけて、平然としています。

暴力団排除条例や人権侵害救済法案は、警察や政府の人権委員会が、憲法で保障されている個人の思想や表現、結社の自由、基本的人権を奪うものです。

憲法を守れと叫んでいた勢力が、その憲法を蔑ろにしているのです。

戦後、日本は、経済や国民文化の面で、大きく飛躍しました。

しかし、この20年来、日本は、逆の道を歩みはじめ、国家の再建と発展を願った英霊の遺志に背いてきたように思われます。

わたしは、弱者を虐げ、自由や平等、人権を蔑ろにしはじめた現在の政治を是《よし》としません。

この風潮を断って、国民が国家と共にある、自由で平等な社会をよみがえらせることが急務です。

そのためには、国籍条項の改正をふくめ、憲法とむきあい、憲法を国民のものにしなければなりません。

それが、「後に続くを信ず」と言い遺した英霊への恩返しと思うのです。

合掌。

早朝、迎賓館から望む霧島の山々に朝霧がかかっていました。
一句、詠みました。
知覧特攻平和会館でも、一句、ものしました。

おぼろ見ゆ　朝霧のなかに　桜島
特攻の　知覧の空に　足すくむ

ブログその41

投稿日：２０１２年3月22日

石原都知事の「廃憲論」と谷口雅春先生の「現憲法無効論」

3月11日の「祈りの日」式典の講演で、石原慎太郎知事が持論の「廃憲論」をのべられました。

現憲法を改正するのではなく、廃棄して、新たに憲法を制定すべきというのです。

知事の講演を聞いて、「生長の家」創始者、谷口雅春先生の「現憲法無効論」が思いうかびました。

わたしは、谷口先生の名著『生命の實相』（日本教文社／１９６２年）をとおして生命哲学を学び、身近にお仕えして全国講演のお供をし、国家観に魂の眼をひらかせていただきました。さらに、議員時代の一時期「生長の家」の支援をうけていたこともあって、今日に至るまでも、政治家としての原点を啓発していただいた師として、谷口先生を深く敬慕いたしております。

谷口先生の憲法復原論は、わたしの血肉となって、いまも燃え盛っています。

ふり返ると、石原知事がのべられた「廃憲論」が、谷口先生のお導きだったような気がしてなりません。

谷口先生の主張は、アメリカが、日本の弱体化をはかって押しつけた占領基本法の無効を宣言して、本来の明治憲法に還るべしというもので、鳩山一郎元首相と福田赳夫元首相に「日本国憲法無効、明治憲法の自動的復原」の建言をおこなっています。

谷口先生は、現憲法が無効である根拠として、挙げられたのが、自由意志の不在でした。

著書で、法学者、井上孚麿博士の言を借りて、こうのべています。

「一国の根本法たる憲法の制定に関しては、統治者及び国民の自由意志によらなければならないのは当然である。然るに現行憲法制定当時にはその自由意志が、連合軍司令官の下に置かれていた。

明治憲法に、摂政を置くの間、典憲の変更を禁じて、摂政期間中になされた改正は、その任期中に限り効力を有するとある。

したがって、マッカーサー元帥が天皇統治権に制約を置いている時代に憲法の改正はゆるされず、その間に変改されたにしても、摂政の任期中（マッカーサー元帥の占領政策期間中）のみ有効であって、その後は無効となるべきは国際法上の慣例である」

被占領国にたいして、占領国が憲法の変更を強制することは、ハーグ陸戦条約（43条）や大西洋憲章（3条）、ポツダム宣言（12条）に違反する重大な逸脱行為です。

谷口先生は、違法な手段、不法な条件下で改正された日本国憲法の無効宣言が、憲法改正論に先決すると考えられたのです。

現憲法を廃棄したのちに、明治憲法が〝自動復原〟するというのは、現憲法は、明治憲法の改正案だからです。

現在の憲法は、松本烝治国務大臣が作成した改正案（松本案）が、GHQから拒絶されたのち、マッカーサーによってもちこまれた案を土台にして、日本側がつくったものです。

GHQから押しつけられた憲法というと、それまでの明治憲法が廃棄され、新たな憲法がつくられたように聞こえますが、実際は、日本側が、マッカーサーの意向を容れて、明治憲法を、同憲法73条の改正手続きに則って改正したものです。

したがって、現憲法が失効すれば、自動的に、明治憲法が復原されることになります。

井上博士はこうのべています。

「占領終了とともに、日本国憲法が失効消滅し、帝国憲法が全面的に発効復活すべきことには、格段なる人為を待つことなく、占領終了という期間の到来につれて、自動的に行われるものである。人間の役割は、これを自覚し、確認し、顕彰し、その他これに即応して、適当なる措置を執るだけである。両者の隠顕出没は、恰も、白雲去って青山が現れる、占領の積雪が消ゆるとともに独立の大地が露出するが如く、おのずから然らしめられるのであって、人為の計らいによって然らしめるものではない」

谷口先生の「現憲法無効論」は、憲法改正論とも、自主憲法制定論とも異なります。憲法改正は、占領基本法の改正にほかならず、憲法本来の精神は、依然として、失われたままです。

自主憲法は、明治憲法から切り離された革命憲法になって、国体や歴史、文化や伝統が反映されません。

井上博士の言を借りるとこうです。

「現行憲法は、合憲（明治憲法改正）の如きカモフラージュをもってつくり上げたる占領押しつけ憲法であって、法理上、改正として、存立不可能なものである。力による革命とするならば、不合理の強行の上に成り立つものであるから、今後、実力あるものが出現するならば、幾回でも改廃せしめうる。改正説によるも革命説によるも、結局、存在の法理的根拠が成り立たない無効憲法なのである」

戦後、宮沢俊義氏という東大の憲法学者の「八月革命説」が憲法解釈の主流となりました。

宮沢教授は、当初、明治憲法の部分的な改正で、ポツダム宣言に十分対応できるとしていました。

ところが、のちに見解を変更して、ポツダム宣言の受諾によって、主権が天皇から国民へ移ったので、革命憲法といいはじめました。

明治憲法の改正であれば、同憲法の精神はうけつがれますが、革命憲法ということになれば、明治憲法からの連続性が断たれます。

戦後、宮沢憲法論がもてはやされてきたのは、左翼やマスコミが、日本の歴史から切り離された革命性を歓迎したからです。

谷口先生は、ポツダム宣言にもとづく新憲法制定は、外圧によるもので、内から生じたものではないと「八月革命」を否定しました。

占領中の日本国内の行政は、連合軍最高司令官の制限の下におかれていましたが、実際は、「降伏の条項ノ実施ノ為其ノ必要ト認ムル措置」について、日本政府に指示を下していたにすぎず、必要事項を実施するにあたっても、天皇の統治の機能をみとめて、政令は「勅令第何号」という形で発令されていました。

ポツダム宣言の受諾条件に「天皇の国家統治の大権を含む」とあったとおり、天皇統治という国の根本秩序は、依然として「勅令発布」をもって確保されていたのです。

ポツダム宣言受諾の際に「天皇の統治権」の放棄や奪取をともなう革命がおこなわれていたのなら、政府や議会が、新憲法の成立に参加することも、天皇が新憲法を公布することもできなかったでしょう。

宮沢憲法学（八月革命説）に拠って立つ護憲論も、占領基本法に屋上屋を架す改憲論も、憲法としての正統性がないとすれば、憲法の無効宣言と「廃憲論」が、憲法論議の正道ということになります。

谷口先生が、明治憲法へ帰すべしとしたのは、現憲法よりすぐれているという理由からではありません。

憲法には、国体の真実、民族の魂、国家の意思が反映されていなければなりません。

谷口先生は、憲法の正統性を問題としたのです。

「憲法復原は、便宜上でも、優劣好悪の問題でもなく、占領下において外国によって強制された憲法を無効として、帝国憲法を取り返すことによって、国法の権威を示すことに主眼がある」

それが、「当然かくあるべく、かくなくてはならぬ事物自体の法則」（井上博士）で、改正の必要があれば、そのような伝統憲法をもったのちでよいというのです。

日本国憲法は、元首が定めた欽定憲法でも、国民がきめた民定憲法でもありません。

外国に強制された占領憲法で、日本や日本人の自由意志が反映されていません。

しかし、よく見ると、この占領憲法は、明治憲法の改正という手続きをとっているので、原型は、欽定憲法ということになります。

欽定憲法は、国会議決や国民投票で、改廃することがゆるされません。

改正しても、占領憲法の変更、革命憲法の改造にとどまりますので、憲法の正統性をえるには、いったん、現憲法を捨てて、明治憲法へ立ち返らなければなりません。

谷口先生は、憲法の無効宣言は、天皇に上奏して、認可をいただけばよいという考えをもっておられました。

明治憲法の復原改正をおこなったのち、日本の国風や現代に合った憲法へつくりかえれば、正統性のそなわった新しい日本国憲法が誕生するというのです。

谷口先生は、アメリカが国際法に違反して、日本弱体化の意図をもって押しつけた占領基本法を排除するためにたたかい、志半ばで、黄泉の国に旅立たれました。

わたしが、谷口先生の憲法復原を願うのは、占領基本法を最高法規としている現在の日本のふがいなさを憂うからです。

石原都知事の「廃憲論」に、谷口雅春先生の「現憲法無効論」を重ねあわせ、わたしなりの憲法論をのべてみました。

合掌。

ブログその45

投稿日：２０１２年４月12日

「憲法廃棄論」「現憲法無効論」と映画「日本国憲法」のふしぎなめぐりあわせ

わたしが、「祈りの日」式典の石原慎太郎知事の講演「廃憲論」をきっかけに谷口雅春先生の「現憲法無効論」に思いを馳せ、著作に目をとおしているとき、思いがけない話がとびこんできました。

憲法をテーマにした映画を制作するので、協力して欲しいというのです。

電話を下さったのは、東京裁判と東条英機元首相・陸軍大臣を描いた映画「プライド運命の瞬間」の伊藤俊也監督です。

10年以上前、番記者と一緒に、東条英機を主役としたこの映画を鑑賞した記憶が、よみがえってきました。

参議院自民党議員会長をしていた当時、番記者から、話題の映画と聞き、数年ぶりに、一緒に映画館へでかけ、いたく感銘をうけたのでした。

伊藤監督は、どこかの紙面に掲載された、この作品を激賞したわたしの文章をお読みになったそうで、また、わたしのブログの読者ともいわれます。

伊藤監督とお会いして、わたしは、谷口先生のご遺志が現在へつながった、運命の糸のようなものをかんじました。

改憲議論の再燃こそ、わたしの願うところで、谷口雅春先生のご遺志にもかなうはずです。

憲法にたいする問題意識を高め、改憲運動を全国的な国民運動へ発展させてゆくには、戦後憲法が、ＧＨＱのお仕着せだったことを描き出す映画の制作、上映が、大きな追い風になると思います。

映画制作に、多額の資金がかかることは十分承知していますが、映画制作を国民的な改憲運動の一環とすることができれば、資金集めは、時間をかけてじっくり取り組めば、かならずしも、不可能ではないでしょう。

伊藤監督は、すでにできあがっているシナリオの練り直しに応じる腹もできておられるようで、そうであれば、改憲を終生の悲願としておられる中曽根康弘元総理（春風の会最高顧問）や「廃憲論」の石原慎太郎知事、９条改憲の橋下徹大阪市長、「現憲法無効論」の谷口先生の理念が生かされた作品が誕生するかもしれません。

小説やドラマにたびたびとりあげられる明治維新は、日本人ならだれもが知っています。ところが、明治維新に匹敵する歴史的な大事件である東京裁判や新憲法発布の経緯や背景については、あまり、知られていません。

日本の政治的未熟さの根本原因は、そこにあるでしょう。

アメリカの占領基本法である現憲法を後生大事にして、日本を誇りある独立国家として再建しようとする気概を失っているのです。

谷口先生は、亡くなるまで、外国からあたえられた占領法を捨て、伝統憲法へ立ち返るべしと主張されました。

占領法の下では、どんな美辞麗句が並べられた法であっても、日本人の魂が腐りはてると警句を発しつづけたのです。

現在の憲法は、主権を失っていた被占領期に、占領国によって強制された占領基本法ですから、独立国家がもってしかるべき国家主権を有していません。

国家主権をもたない国家は、半人前の無責任国家ということです。

半人前国家の政治家が、国家の威信や国体の誇りをもった一流の指導者になれるはずはありません。


改憲問題の核心は、属国扱いの占領法を、独立国の国法にきりかえるところにあります。

それができないのは、現憲法が、戦争を放棄した平和憲法で、これを放棄すれば、戦争にまきこまれるという理由からです。


これが、憲法9条をめぐる護憲派と改憲派の争点です。

改憲派と護憲派は、9条をめぐってあらそっていますが、問題の核心は、占領基本法の変更という瑣末なところにあるのではありません。

戦争と軍備を永久に放棄するという憲法9条は、二度とアメリカに歯向かえない半人前の国家に甘んじるという条文で、これを平和憲法というのは、まやかしです。


平和憲法は、十分な軍備と国防意識をもちながら、みずから戦争をしかけないという意志が宣言されている国法のことです。

現憲法において、国家の名の下で、平和への意志が表明されているわけではありません。

軍備や戦争を放棄したから平和憲法という理屈は、ケンカもできない弱虫だから平和といっているようなもので、弱虫宣言をしたところで、平和をまもることも、ケンカという国際紛争から免れることもできません。

平和憲法というならば、敗戦状態を永遠に継続させようとする占領基本法を廃棄したあとで、堂々と宣言すればよいのです。

戦勝国による占領状態を脱した日本が、時限法である占領基本法を廃棄して、本来の伝統憲法にもどるのは、あたりまえの話で、国際法上の慣例でもあります。

映画「日本国憲法」では、国家の主権と国体をまもるために奮闘した先人たちの活動と労苦が描かれるはずです。

日本国憲法が、戦勝国側と日本側の命懸けの葛藤からうまれた事実を知ることによって、国民の憲法にたいする意識が高まってくるでしょう。

日本人が、その史実に気づいてくれるだけで、伊藤監督の映画づくりのお手伝いをする価値があるといえるでしょう。

明治維新と終戦革命には、いくつか、共通点があります。

前者が脱亜入欧の近代化なら、後者は、脱戦前のアメリカ化で、日本は、動乱と混乱をのりこえ、西洋の仕組みをとりいれて、国を発展させました。

もう一つの共通点は、主役が不在だったことです。

明治政府は、吉田松陰や高杉晋作、坂本龍馬、西郷隆盛らの維新の志士が不在で、GHQによる終戦革命でも、また、有能な人々が、戦場や東京裁判などの戦犯処刑、要人追放令によって、すがたを消していました。

そして、できあがったのが、前者は薩長閥、後者はGHQ人脈による壮大なる官僚体制でした。

明治維新は、過去の物語ですが、終戦革命は、憲法や霞が関体制をふくめて、現在まで継続されています。

終戦革命は、明治維新より今日的で、切実なのです。

ところが、いまの日本人は、終戦革命について、ほとんど何も知らされていません。

そして、占領基本法を、平和憲法といって、もちあげています。

日本は、無条件降伏したわけではありません。

ポツダム宣言という条件の下で、国体・国家をまもるべく、やむなく、占領基本法を一時的に受け入れたのです。

伊藤監督は、タブーに挑戦したいといわれます。

映画制作の運びとなったら、憲法制定をめぐって、日本の弱体化をはかるGHQ・戦勝国側と、国体・国家をまもろうとした日本側の壮絶なたたかいをみごとに再現していただきたいと思います。

合掌。

ブログその48

投稿日：２０１２年５月17日

９条論争から卒業した改憲議論と国家の誇りをもとめはじめた日本人

５月３日の憲法記念日に先立って、同月１日、永田町の憲政記念館で、新憲法制定議員同盟による「新しい憲法を制定する推進大会」が開催され、参加予定数を大幅に上回る盛況とつたえられました。

各政党や経済３団体（経団連・日商・経済同友会）、日本青年会議所らの所信表明も熱をおび、各代表が口を揃えて、現憲法が、先の東日本大震災における政府対応の鈍さ、無責任の原因だったと指摘したそうです。

現憲法には、国家の緊急事態に関する条項がなく、政府が、国家を挙げての救援・支援態勢をとれなかったのは、それが原因といわれています。

大会に出席した「春風の会」の有志から、報告を聞いて、憲法をめぐる国民的感情の変化について、いくつか、感慨を覚えました。

一つは、国家的機能を有していない現憲法に、国民が不満をもちはじめたこと。

二つ目は、国民が、歴史や文化、伝統、国柄が反映されていない現憲法に疑問をかんじていること。

三つ目が、国民が、「国家の誇り」にたいする飢餓感をもっていることです。

現憲法が、国家緊急事態条項を欠いているのは、有事の際、指揮権を発動するのが、日本政府ではなく、GHQだった時代につくられ、公布された国法だからです。

現憲法には、はじめから、独立国家に必要な機能が備わっていなかったのです。

日本は、これまで、そんな欠陥憲法を65年にわたって、後生大事にして、一度も改正していません。

戦勝国の代表であるGHQがつくった憲法に、国家主権の宣言と独立国家の条件がもりこまれていないのは、占領基本法だからです。

そのことを端的にあらわしているのが、交戦権と戦力保持を放棄した第9条です。

これまで、この第9条が、憲法問題の最大の論点として語られてきました。

しかし、これには、大きな難点がありました。

軍備や交戦権の放棄を謳った9条が、一部から、平和主義としてとらえられ、マスコミが、これをタカ派にたいするハト派、好戦主義にたいする非戦主義の図式で描きだしてきたからです。

欠陥憲法が、平和主義の代名詞にされたため、改憲運動にブレーキがかかったのです。

平和主義は、独立国家としての体裁を整えた上で、「不戦宣言」をおこなうことで、武装解除のことではありません。

まして、戦勝国の手によっておこなわれた武装解除が、どうして平和といえるでしょうか。

軍備をもたず、交戦権を行使できないことを平和主義と呼ぶのは「崇高な理想を深く自覚するのであって、平和を愛する諸国民の公正と信義に信頼」という憲法前文を妄信する幼い精神であって、国家の独立や国家主権に目をむけようとしないのは、属国の論理です。

これまでの憲法論議が、独立国家の条件や国家主権などにふれてこなかったのは、平和主義の原典となった9条ばかりが問題にされてきたからでしょう。

ところが、今回の大会では、9条を卒業して、日本の憲法が独立国家としての条件をそなえているかどうかについて、国家緊急事態宣言を軸に、一歩ふみこんで、語られたようです。

9条問題から離れて、国家の機能という別の次元から憲法が語られたのは、画期的なことで、他国から押しつけられた武装解除を平和と称してきたこれまでの迷妄から脱却する大きな一歩です。

今回の大会では、第9条だけではなく、憲法全体を諸悪の根源とする声が多く、とりわけ、前文への批判が相次いだようです。

現憲法の前文は、内容がうつろで、わが国の文化や歴史、国柄が反映されていません。当日、基調講演をおこなった中西輝政京大名誉教授が指摘されたように、現憲法の前文は、国家と国民を対決のルールで語ったヨーロッパの古い啓蒙思想をなぞったもので、海外からの移植物にすぎません。

主催者である新憲法制定議員同盟は、次のような前文案を掲げています。

我ら日本国民はアジアの東、太平洋の波洗う美しい北東アジアの島々に歴代相承け、天皇を国民統合の象徴として戴き、独自の文化と固有の民族生活を形成し発展してきた。

我らは今や、長い歴史の経験のうえに、新しい国家の体制を整え、自主独立を維持し、人類共生の理想を実現する。

我が日本国は、国民が主権を有する民主主義国家であり、国政は国民の信頼に基づき国民の代表者が担当し、その成果は国民が享受する。

我らは自由・民主・人権・平和の尊重を基本に、国の体制を堅持する。

我らは国際社会において、正義と秩序を基調とする国際平和を誠実に希求し、その実現に貢献する。

我らは自由かつ公正で活力ある日本社会の発展と国民福祉の増進に努め、教育を重視するとともに、自然との共生を図り、地球環境の保全に力を尽くす。

また世界に調和と連帯をもたらす文化の重要性を認識し、自国の文化とともに世界文化の創成に積極的に寄与する。

我ら日本国民は、大日本帝国憲法及び日本国憲法の果たした歴史的意義を想起しつつ、ここに新時代の日本国の根本規範として、我ら国民の名において、この憲法を制定する。

会場では、現憲法はＧＨＱからおしつけられた屈辱憲法だ、日本の文化や歴史が反映されていない、という登壇者の発言に、大きな拍手がわきあがったといいます。

国家の誇りにたいする飢餓感がつたわってきます。

戦後65年、日本人は、国家の誇りを奪われ、近年は、自虐史観が大手をふり、戦争謝罪や土下座外交がまかりとおっています。

日本人が、その卑屈さにうんざりし、国家の誇りをもとめはじめたのは、当然です。

誇りは、国家としても人間としても、最大の美徳です。

誇りのない人間や国家には品格がそなわらず、品格のない国家や人間は、信用することができません。

名誉心や道理、高い精神性をもたない下品な国家や人間は、金儲けや利得のために平気で恥知らずなことをするでしょう。

恥知らずは、尖閣諸島の領有権を主張する中国、竹島を軍事占領している韓国だけではありません。

独立国家の機能や主権国家の責任や使命感を欠いた憲法を戴いている日本も、国家の誇りを捨て去っているのです。

鳩山由紀夫元首相は、日本の国土は日本人だけのものではないと発言して、多くの日本人の怒りを買いました。

私人や個人にとって、国土は、地面の広がりでしかなく、祖国や同胞、歴史や文化も、基本的人権の前には、何の意味ももたないでしょう。

誇りのない人間には、エゴイズムや金銭欲、虚栄などの卑しい心しかそなわらないのです。

国土は、土地ではなく、数千年、数万年にわたって、歴史や文化、民族の魂を育ててきた、祖国と呼ぶほかない霊地で、日本人の誇りの源泉でもあります。

多くの日本人が、鳩山発言に怒ったのは、日本人が、祖国愛や使命感、公の精神という高い精神に宿る誇りを失っていなかったからです。

日本を訪れた宣教師たちは、一様に、日本人の誇りの高さに驚嘆したといわれます。

日本が、戦前、世界のなかで堂々たる地歩を築き上げ、戦後、経済大国、技術立国として躍進したのは、日本人が、名誉を重んじる誇り高い民族だったからです。

フランスの大統領選挙では、第1回投票で3位につけた国民戦線のマリーヌ・ルペンが「フランスの自由と主権と誇りを取り戻そう」と訴え、決選投票で勝利した社会党のフランソワ・オランド新大統領が「若者に再び希望をもたらすことができたことを誇りに思う」とのべるなど、誇りということばが、キーワードになりました。

日本では、戦後65年間、かつての日本人が重んじ、そして、いま世界の国々が大事にしているこの誇りということばが忘れ去られています。

その原因が、国家の誇りが一言も謳われていない現憲法にあるのは、疑いえません。

折しも、いま、映画「日本国憲法」（伊藤俊也監督）の話がもちこまれています。

現憲法は、日本が占領下にあった時期につくられた占領基本法で、日本という国家、日本人の誇りが一言も謳われていません。

この映画で、わたしは、占領軍の憲法草案に抵抗した多くの人々の、日本人の誇りが描かれるべきと思います。

日本案がＧＨＱから拒絶され、英文で書かれた憲法をおしつけられたとき、抵抗した日本の関係者は、怒りの表情をうかべ、拳を握りしめて、全員で、「君が代」を歌ったような気がします。

そんなシーンが目にうかぶのです。

大会の当日、会場でも、「君が代」が歌われました。

国歌「君が代」には、日本人の誇りが脈打っています。

憲法は、日本人の誇りでなくてはなりません。

日本人が、国家の誇りをもとめたとき、憲法改正が現実のものとなるでしょう。


合掌。

ブログ（自著）解説⑥

第6章　日本国憲法について

1　今の憲法は「占領基本法」である

現在の憲法は、戦後、日本を占領したGHQがつくった「占領基本法」です。

戦勝国が敗戦国へおしつけた国家改造プランで、現憲法は、戦勝国の戦利行為だったのです。

したがって、サンフランシスコ平和条約で、日本が主権を回復したとき、真っ先に廃棄されなければならなかったのです。

そして、元の憲法である明治憲法に立ち戻り、現代にそぐわない、あるいは、足りない条項があれば、改訂して、明治憲法を土台にした新憲法をつくるべきでした。

現憲法廃棄と明治憲法復原をつよく主張されたのが、「生長の家」の谷口雅春先生でした。

わたしは、谷口先生のお傍でお仕えして、一緒に全国をまわっていましたので、谷口先生の憲法哲学が、わたしの血肉にまで沁みこんでいます。

憲法は、政治形態や法体系の原点であるだけではなく、文化や価値観、習俗、国民感情までを規定します。

その基本法が、異文化のアメリカ製だったところに、今日の混迷の原因があります。

戦後憲法によって、日本の文化的、精神的遺産がなし崩しに侵食されて、かつてのよき日本、よき日本人のすがたが、徐々に失われているのです。

それが、内においては、内政崩壊、外にむかっては、外交や防衛の不手際、領土侵犯という危機を招きよせています。

北方領土や竹島、尖閣列島などの領土危機は、「相手国を刺激しない」という日本外交の姿勢から生じました。

その根底に、憲法前文の「平和を愛する諸国民の公正と信義に信頼して」という条文があるように思われます。

占領基本法は、戦勝国の戦利法ですから、国家主権や国家の防衛や危機管理、国家への国民の義務などの国家条項がありません。

一方、個人を、国家と対立するものとしてとらえ、過剰に権利をあたえ、それを天賦のものとしています。

国家がなくなっても、人権や権利だけは手にはいるという子どもじみた夢想が、憲法に堂々と謳われているのです。

基本的人権や個人主義、自由や平等も大事ですが、それだけでは、社会の秩序をまもることができず、崩壊がおきるでしょう。

権利ばかりで、義務が忘れられると、社会は餓鬼道に堕ちてゆきます。

憲法の呪いが、政治家や国民の意識、教育や家族問題、社会制度から、領土問題にまでおよんで、いまや、一刻の猶予もゆるされない危険水域にたっしています。

占領憲法の下で、日本が社会崩壊をおこさず、日本人がモラルを失うことがなかったのは、天皇がおられたからです。

天皇が、憲法以上の存在としてはたらき、過去の日本の徳性が保たれてきたのです。

しかし、それも、限界があるでしょう。

憲法改正を急がなければ、敗戦憲法によって、国家の品格と国民の品性を失って、第二、第三の敗戦を迎えなければならなくなるのです。

2　近隣国に信義はあるか？

憲法改正と聞くと、「平和憲法を改正するのか」という人がいます。

占領基本法を平和憲法と思いこんでいるのは、西村眞吾さんがいうように、化かされているからです。

化かしているのは、タヌキやキツネではなく、アメリカや中国などの戦勝国です。

平和憲法の下で、日本が、国家の体裁を保てず、領土も守れず、滅びてゆけば、化かしがいがあったというものでしょう。

かつて、自民党は、党是に憲法改正を掲げていましたが、現在は、護憲派が多くなっています。

わたしは、ＫＳＤ事件で辞任するまで、参議院憲法調査会会長をつとめ、国政選挙の際には憲法改正が堂々と議論される環境をつくりあげようとしてきました。

現在、野に在って、なすべきは、国家ばかりか、国民の精神や生活までを脅かしている現憲法が、占領基本法であることを、たとえば、映像などをとおして、国民に広く訴えることです。

東条英機を描いた映画、「プライド　運命の瞬間」の監督、伊藤俊也さんと、現在、「日本国憲法」という映画制作の計画をすすめています。

現憲法が、敗戦後、どういう経緯から、だれによって、どんな目的でつくられたかを、知っていただき、平和憲法の正体が明らかになれば、改憲の世論づくりに役立つはずです。

憲法が、国民の常識や歴史の知恵、民族の文化に合致していれば、空気のような存在になり、イギリスのように、成文化する必要がなくなるでしょう。

政治は政治なきを、法は法なきを期す、というのが、本来のかたちだからです。

しかし、日本では、憲法が、国政や国家のあり方、国民の常識、文化と摩擦をひきおこしています。

憲法が、異文化の産物だからです。

中曽根康弘先生の「世界平和研究所」が、2012年5月1日、憲政記念館で主催した「新しい憲法を制定する推進大会」で、ひときわ、大きな拍手がおきたのは、発言者の「日本の伝統と民族の誇り」ということばだったそうです。

日本人は、国家主権が欠落した現憲法の下で、国家や民族の誇りに飢えているのです。

誇りに思える憲法、国家と民族の自尊心を象徴する新憲法の制定が、かならず、日本を立ち直らせてくれるでしょう。

終章　国難いかに打破すべきか

ブログその49

投稿日：２０１２年５月17日

現実と空想、行動と思索、生命と観念の分岐点でたじろいでいる日本人

現状打破、改革一新という刺激的な思考が、日本人全体の心の深部に行き渡っている。平和に対する倦怠、滅亡に対する不安という社会的気分が混沌と閉塞感をつくりだし、人々は、そこで、殊更に過激な表現をもとめ、激情的なことばに酔いしれようとする。既成のものを否定して、新しいものを肯定するのは、憂さ晴らしという感情作用の一つで、政治の世界において、それが、かつての小泉改革や民主党ブーム、いまでは既成政党の否定という形で出現した。

小沢氏も、政治の閉塞感を背景に、毀しては造り、毀しては造ってきたが、美しいもの、役に立つものは、何一つつくりだすことができなかった。

新しいものは、かならず古くなって、やがて、人々の好みに合わなくなる。
激情的破壊は、いつの世も、いっときの慰み物で、砂上の楼閣にすぎないのだ。

「日本維新の会」の橋下氏のモノに憑かれたような主張、狂気じみた過激さは、変化をもとめる時代の空気からひきだされた外道で、人々は、劇場の観客席から、やんやの喝采を送っている。

だが、われわれが生きている生命世界は、紛れなき現実であって、外道の見世物ではない。

石原氏の思想や言動もかたくなで、偏り過ぎている。

芸術や演劇は、退屈や政治的な閉塞感から、人々を救い出すことはできても、国家を救出する指導原理にはなりえない。

だが、人々は、声高に叫ばれるもの、新奇なものばかりをもとめ、かれらの耳目を引く刺激的な言動が、投じた石の波紋が広がってゆくように、時代という水面のどこまでも、広く浸透してゆく。

水面を漂う者は、だれも、この波動から逃れることはできない。
この衝撃波を乗り切るか押し流されるか、それとも、沈んでしまうか。

西欧では、純粋な学問、哲理学でも、実際的な考え方から離れることがなく、哲理学者も、多くが、数学者や科学者であり、現実主義者であった。

東洋ではちがう。

東洋の哲理学は、瞑想と思索から生まれ、現実とは無縁なところで発達した。

いまでも、日本人の思考や行動を支えているのは、現実ではなく、観念だ。

生命世界は、地に足がついているが、観念世界では、足が空につけられる。

そこでは、理性より感情が優先される。

観念は、哲理ではなく、感情を源流とする感性、心のはたらきだからである。

生命には、情緒と生きるための合理的判断が宿る。

だが、感情と空想からできあがっている観念は、生の原則から外れる。

生命世界から切り離された観念世界では、理性的に当否を疑ってみるという思考もはたらかない。

物事を好悪で判断し、鵜呑みにして、虚栄や嫉妬、不安に悩まされる。

観念の衝撃波に弄ばれているのだ。

生命世界にあるのは、生きのびるという生の原則だけである。

生きることは、観念の世界に遊ぶことではなく、現実世界を功利的に生きつつ、自他の幸を図ることで、それが、生命哲学における善であり、正である。

面子や外聞にとらわれず、生きのびることを考え、生きのびて仕事をつづけることが、唯一の真理で、生の世界においては、無益なものは、すべて、虚偽なのだ。

自己の考えに固執して、勇ましく死ぬことより、屈辱を忍んで生きのびることのほうがむずかしいのは、困難は、死ではなく、生にあたえられた重荷だからである。

重荷と目的は、左右のふりわけ荷物で、人生とは、重荷を背負った旅に似ている。

目的をもったら、貧窮にも、屈辱にも、どんな迫害にも負けず生きられるかぎり生きて、目的にむかって、休みなく歩みつづけることだ。

たとえ困難でも、それ以外、人間としての生き方、人生という旅路をまっとうすることはできない。


人々は、核という毒素をふくんだ空気のなかで、呼吸困難に襲われるような不安、一寸先が見えない闇にひそむ断崖の恐怖に身を竦ませている。

そして、そのきびしい現実から逃れようと、英雄や革命家、救世主の出現をもとめ、日々の瑣末事、テレビの乱痴気騒ぎにわれを忘れようとする。だが、それは、観念世界の出来事で、その背後に、静かでゆたかな生命世界が広がっている。

生命世界が見失われたのは、現実を直視するより、空想に遊ぶほうが容易いからである。行動をおこすより、思い巡らせているほうが気楽だからである。現実と空想、行動と思索、生命と観念――人類は、太古の昔からその前で迷い、いまも迷いつづけている。

迷える人間から絶対の世界はうまれない。

為政者は、その真理を知り、迷いをふっ切らなければならない。

わたしは、その意味で、亀井静香議員に多くを期待する。

亀井さんは、行動の人で、障碍につきあたったら、その障碍をのりこえ、突き破ろうとする気迫、覚悟、粘り強さをもっている。

行動しつつ考え、体験しつつ知恵を得て、一時も休まずに前へすすんでゆこうとする健気さがある、弱者とともに涙する純情、驕れる強者にたたかいを挑む剛情がある。

何よりも、心がきれいで、澄み切っている。

わたしは、いま、日本に必要なのは、石原慎太郎都知事の傲慢さや橋下大阪市長の独善ではなく、亀井静香さんの行動力と信じます。

行動と思考、情が一体となった亀井静香さんは本物で、亀井さんを切って、石原都知事のカリスマ性、橋下市長の人気にあやかろうとして、右往左往している人々は、わたしの目から見ると「迷える人々」にすぎない。

日経新聞のコラム「春秋」に40年前の梅棹忠夫氏と司馬遼太郎氏のこんな対論が載っている。

梅棹「政治というものの力を縮小していって、完全な遊戯にまで追いこんでしまえばいい」

司馬「賛成ですね。やっている本人は血相を変えているけれども、人畜無害な遊戯にすぎないという形、それが理想の遊戯ですな」

言い得て妙で、政治は、本来、「政治なき政治」であらねばなりません。

政治は、政治なきを期すのが王道で、政治が要請されない社会こそ、健全な国家ということができるでしょう。

政治を必要とする社会、政治が大手をふる時代は、政治が未熟だからで、政治が十全に機能していない証拠です。

現在、政治が表にですぎるのも、政治が政治の態をなしていないからで、原因は、政治家が未熟で、迷ってばかりいるからです。

迷える人は、けっして、すぐれた政治家、力強い指導者になることができません。

絶対的なものをもたない者は、信念も覚悟も、情熱も度胸もなく、相対的な価値のなかで、方向を見失って、自滅してゆくばかりです。

小細工を弄し、足を引っ張り合い、大騒ぎをしているのが現在の政治で、本物の政治が死んでいるのです。

日本を、迷える人々に委ねてはならない、それがわたしの亀井待望論のもう一つの理由である。

合掌。

ブログその58

投稿日：２０１２年8月11日

本質的・本格的な議論を避けて、枝葉末節の議論と弥縫策に走る日本の政治

現在、日本は、国政から外交、防衛にいたるまで、多くの難問を抱えています。

ところが、これらの問題を正面からとらえる議論が、いっこうに聞こえてきません。

これまで、政治家は、ＴＰＰや消費税、尖閣列島、オスプレイ配備など日本の国益を左右する重要課題について、真摯な議論をおこなってきたでしょうか。

瑣末な周辺事情ばかりを取り沙汰して、マスコミと一緒に騒ぎ立ててきただけではなかったでしょうか。

税金は、政治にとって最大の事案ですから、消費増税については、直間比率や税の平等性、財源の多角的検討、経済政策との兼ね合いなどを考慮して、真摯に議論を深め、国民

的な合意を築き上げなければならなかったはずです。

ところが、野田首相は、唐突に、「消費増税に政治生命を賭ける」と宣言して、税という最大の政治課題を、さっさと閣議決定してしまいました。

挙句の果て、民・自・公の「3党合意」という談合で、問答無用に議会を押し切ろうという腹です。

国家運営の根幹にかかわる議論を棚上げして、数の論理をもって、反対派を封殺しようというのです。

TPPでは、自由貿易の制度的安定や農業の競争力強化、諸外国との法的ギャップ克服などの本質的な議論を棚上げしたまま、賛否だけを問い、結局、TPPにたいする国家的な態勢はできずじまいでした。

尖閣列島問題では、東京都による買い上げという石原都知事のアイデアに14億円余の寄付金が集まりましたが、石原都知事のパフォーマンスが、はたして、領土問題の核心に触れたものだったでしょうか。

領土は、主権のおよぶ範囲なので、国家が所有者に賃借料を支払うことによって、実質的にも、国際法上にも、実効支配が成立しています。

所有者が東京都に移ったところで、主権に変更はありませんから、今回の尖閣列島騒ぎは、結局、中国政府から「国家主権と海洋権益を守るため軍の職責を果たしてゆく」（中国国防省）という公式宣言を引き出しただけだったことになります。

尖閣列島は、日本側に、実効支配という実績があるわけですから、あとは、防衛と危機管理が残されているだけです。

石原知事は、政府・防衛省にはたらきかけて、海上自衛隊による防衛体制の強化をうったえるべきで、対応が甘いと、政府の逆手をひねったところで、国防上、何の役にも立ちません。

都による買い上げ計画（当時）は、芝居でいえば、これみよがしの外連《ケレン》で、本筋を外れているばかりか、度を過ぎると本筋をねじ曲げる結果になりかねません。

本筋をふみちがえている好例が、オスプレイ騒動でしょう。

オスプレイは、かつて、事故が多発したという理由から、配備を予定されている普天間を中心に反対運動がおこり、運航の安全性という防衛とは無関係な次元で、政治家やマスコミが、口角泡をとばしています。

その枝葉末節な議論が、国土防衛という本筋をねじ曲げないわけはありません。滑走路が不要なヘリコプター機能と速度や航続距離にすぐれた飛行機の性能を併せもつオスプレイが、開発段階で事故が多かったのは事実でしょう。

しかし、国土防衛にもとめられているのは、事故率の低さではなく、作戦に必要な性能です。

安全性が確認できないという理由から、オスプレイの実戦配備を拒否すれば、グアム島へ退却した米海兵隊による沖縄防衛が手薄になって、こんどは、日本の安全保障が危うくなるでしょう。

日本領土、とりわけ、沖縄や尖閣の防衛を考えると、オスプレイ配備は、米海兵隊だけではなく、自衛隊にも必要です。

尖閣防衛にオスプレイを実戦配備すれば、現実的には困難な自衛隊駐留にひとしい効果があり、何より、尖閣にたいする中国軍の軍事行動を抑止することが可能になります。

オスプレイ配備の議論は、本来、主力をアジアにシフトした米艦隊と海上自衛隊の役割分担という本筋をふまえ、国土・領海防衛、東シナ海・黄海における中国海軍にたいする抑止という戦略にもとづいたものでなければならず、安全性は、本質から外れた枝葉末節にすぎません。

議論をとおして、物事の本質が明らかになり、対応策や危機管理、心構えができあがります。

それが、議会政治の王道で、議論が貧弱になると、問題の本質が見えなくなり、誤った結論が導かれ、まちがった方向へむかうことになります。

消費増税の「3党合意」や議論を封印したTPP参加、「国がやらないから都がやった」という尖閣列島の買い上げ計画（当時）、墜落して住民に被害が出る可能性だけを云々しているオスプレイの議論は、本質から外れた末梢論で、問題を正面からとらえなければ、解決策が見えてきません。

政治はことばです。

貧しい言論、低次元の議論が、政治家の意識や意志、行動を害って、政治を死の淵に追いやり、国家の進路を誤らせます。

ケネディやチャーチルを挙げるまでもなく、名政治家が名演説家だったのは、国家観や歴史観に筋がとおっていたからで、かれらのことばが人をうごかしたのは、まっすぐ、本筋、本質をついていたからです。

日本の政治家のことばが、人の心をつかみ、人を動かすことができないのは、正面から切りこんでゆく、誠のことばをもっていないからでしょう。

ウソやゴマカシ、方便、空疎な美辞麗句を並べ立て、肝心なところで口を噤むことばにたいする不誠実さに、不信が寄せられているのです。

日本の政治家は、ことばを磨き、ことばで自己を高め、人を動かす技術を、もっと真剣に学ぶ必要があるでしょう。

合掌。

ブログその59

投稿日：２０１２年8月20日

民主主義と人権思想に放逐された大義という政治哲学

吉田松陰の松下村塾で、俊英ぶりを高杉晋作と並び称せられた久坂玄瑞が、坂本龍馬に託して、土佐勤皇党の武市半平太へ、決起を促す書状を送っています。

その文面に「諸侯たのむに足らず、公卿たのむに足らず、草莽志士糾合義挙のほかにはとても策これ無き事」「尊藩（土佐藩）も弊藩（長州藩）も滅亡しても大義なれば苦しからず」とあります。

吉田松陰の「草莽崛起論」にもとづく玄瑞の草莽志士糾合、義挙の思想が、坂本龍馬などの脱藩志士の義挙につながり、やがて、維新という大きなうねりがつくりだされてゆきます。

大義とは、主君や国家にたいして為すべき道のことで、明治維新の志士たちは、尊皇攘夷や大政奉還という大義に身を投じ、久坂や半平太、龍馬をふくめて、多くが、その大義に殉じました。

西郷隆盛・勝海舟の会談のお膳立てをした山岡鉄舟を評して、西郷が、「命も名も要らぬひとほど、始末におえぬ」と述べたとつたえられます。

それが、大義に身を投じるということで、命も名も要らぬ鉄舟の奔走によって、江戸城の無血開城が実現し、江戸の町が火の海になることを免れました。

維新の志士と現在の政治家を比べても詮方ないことですが、現在の政治家に欠けているのが、大義です。

大義も、大義に身を挺する心魂もなく、小義や私事に奔走して、国家の行く末を危うくしているのが、現在の政治家のすがたではないでしょうか。

大義がなければ、政治家に、身命を賭けて、問題にぶつかってゆく魂が宿らず、党利党略という小義、選挙事情という私事が捨てられていなければ、政治に、大きなうねりをつくりだしてゆくエネルギーがそなわりません。

消費増税決議と解散時期をめぐって、民主、自民、公明3党がもてあそんでいる内閣不信任決議案や首相問責決議案の、どこにも、大義がみあたりません。

そもそも、消費税のどこに大義があるでしょうか。

仁徳天皇は、人家の竈《かまど》から炊煙が立ち上っていないことに気づいて租税を免除し、その間は倹約のために宮殿の屋根の茅さえ葺き替えなかったと記紀がつたえます。

財務省の言いなりだった今回の消費増税には、小義すらもみあたらず、3党合意は党利党略、内閣不信任決議案や首相問責決議案はただの小細工、解散時期をめぐる悶着に至っては、選挙の風向きを見たご都合主義で、大義も、民を思う心もない伏魔殿の出来事です。

折しも、玄洋社頭山満のお孫さんにあたる頭山興助さんの暑中見舞いに「国会議員の政治活動費が税金でまかなわれています——生活保護受給者とどこか似ていませんか」という文面がありました。

大義も志もないまま、党利党略、権力争奪、選挙のためだけに奔走している国会議員のふるまいは、国民ならぬ、政治家の生活が第一の高級生活保護受給者のそれであって、大義を失った国会議員に、国家の行く末や国民の幸をまかせておいてよいものでしょうか。

大義は、畢竟、全体の利益ということです。

全体の利益のため、個の利益や私の都合を投げ捨てることが、大義を立てるということで、維新という大事業の前に命も名も求めなかった山岡鉄舟も、民の幸を最優先にした仁徳天皇も、己を空しゅうして、全体の利益を求めた大義の人ということができます。

現在、日本人は、民主主義や人権に、至上の価値があると思い込んでいます。

普通選挙法や多数決、法の下での平等は、近代政治の根本ではありますが、民主主義や人権を、個の利益や私の都合を立て、全体の利益から目を背けるイデオロギーにしてしまうと、民主主義や人権という栄養剤が、猛毒にかわってしまいかねません。

戦後67年が経過して、民主主義と人権一本槍の憲法の下で過ごしてきた日本人、戦後育ちの政治家にとって、かつて、日本人が大事にしてきた大義ということばは、すでに死語になったようです。

大義がなければ、政治は、権力のゲームになり、民主主義や人権思想の下では、個人の命や名、カネが、最大の価値になるでしょう。

現在の政治の不毛は、民主主義と人権思想で育った戦後政治家が、大義の何たるかも心得ない、我利我利亡者だからです。

われわれは、大義を、歴史から学ぶほかありません。

歴史は、事実の羅列ではなく、人物の山脈であって、そこには、大義に身を投じた人々の業績が、キラ星のように輝いています。

保守とは、守旧や旧套墨守のことではなく、歴史から学ぶことです。

民主主義と人権思想で育った政治家が、歴史から、大義という政治の真髄を学んで、堂々たる政治の流れをつくっていただきたいと願うばかりです。

合掌。

ブログその60

投稿日：２０１２年８月21日

政治家が靖国神社に参拝しない終戦記念日と領土侵犯の屈辱

終戦記念日を挟んで、韓国の李明博大統領が、不法占拠中の日本領竹島に上陸したのにつづき、香港の活動家が、海上保安庁の制止をふりきって、尖閣諸島の魚釣島へ侵入するなど、劣化しつつある現在の日本を象徴する事件が相次ぎました。

日本の領土が、公然と侵犯されたのは、日本という国家が侮られはじめた兆候で、李大統領は、竹島上陸後、国会議員が集まった昼食会で、「日本の国力は低下した」「現在の日本は昔の日本ではない」と述べたとつたえられます。

さらに、「天皇陛下が韓国を訪問したがっているが、独立運動で亡くなった方々を訪ね、心から謝るなら来てもよい」（のちに「韓国を訪問したいのであれば」と訂正）と日本の国家と皇室を露骨に愚弄しました。

日本が、韓国に、天皇の訪問を申し入れた事実がないにもかかわらず、李大統領が「天皇が韓国を訪問したければ」と発言したのは、小沢一郎元民主党代表が非公式に申し入れ、李大統領が、謝罪を条件に天皇訪韓を受け入れた経緯があるからでしょう。

2009年12月、小沢一郎幹事長（当時）は、600人を超える民主党訪中団を率いて北京を訪れ、胡錦濤主席に、「わたしは、人民解放軍の野戦の軍司令官として頑張っている」と胸を張った翌日、韓国へ赴き、李明博大統領主催の夕食会に出席しています。

天皇が訪韓を望んでおられるという話は、李大統領主催の夕食会に小沢氏の口からでたものでしょう。

小沢氏が、ソウル国民大学の講演で、日本の歴史や皇室、日本人を侮辱した上で、朝鮮人の優秀な血と日本人の劣等な血をいれかえなければならないと言い放ったのは、その折のことで、民主党が天皇と習国家副主席の会見を強要して、小沢氏が羽毛田宮内庁長官の「政治的利用は遺憾」という記者発表に激怒したのは、その数日後のことです。

日本が、他国から侮られるようになったのは、国力が低下したからではありません。

国家や国体、歴史への自信や誇りを捨て去って、外国からの理不尽な難癖に謝罪をくり返し、顔色をうかがい、媚びてきたからです。

失われたのは、国力ではなく、国威、国家への誇りだったのです。

村山富市氏（1995年／戦争謝罪）や菅直人氏（2010年／日韓併合謝罪）など、一国の首相たる者が、卑屈な謝罪談話を発表してどうして、日本が、外国から敬われ、重んじられるでしょうか。

これまで、日本は、中・韓の抗議をうけて、内政干渉を許容する近隣諸国条項（宮沢喜一内閣官房長官／1982年）を設け、従軍慰安婦の軍関与をみとめる談話（河野洋平内閣官房長官／1993年）を発表し、「日韓併合は韓国にも責任がある」と発言した藤尾正行文部大臣（1986年）や「日中戦争に日本に侵略の意図はなかった」という歴史観をのべた奥野誠亮国土庁長官（1988年）を罷免してきました。

これで、中・韓が、日本にたいする内政干渉に自信をえないわけはありません。

「相手国を刺激しない（外務省）」ことしか考えない日本外交がゆるされているのは、「平和を愛する諸国民の公正と信義に信頼」という憲法前文が、国家のために何もしない政治家や官僚の都合のよい方便になってきたからです。

今回の竹島・尖閣危機は、その方便に回ってきた高いツケということができるでしょう。

とくに、竹島問題については、韓国が、竹島の領有権を記した日本の「防衛白書」（2012年版）に抗議してきたにもかかわらず、日本は、竹島の領有権を明記している韓国の「外交白書」に抗議すらおこなっていません。

なかんずく、問題なのは、事後処理で、明らかに犯罪行為であるにもかかわらず、強制送還で一件落着させようというのは、事なかれ主義、責任回避で、法治国家にあるまじき対応です。

昨年9月、尖閣諸島沖の中国漁船衝突事件で逮捕された中国人船長を処分保留のまま釈放した当時の菅首相と仙谷由人官房長官の政治判断が、深い影を落としているように思われます。

悪しき前例が、みずからの手足を縛り、相手につけいる余地をあたえてしまったのです。

戦争責任から歴史教科書、南京大虐殺の作り話、韓国人がみずから選択した日韓併合、従軍慰安婦にいたるまで、日本は、中・韓の難癖に、一言も反論することなく、一方、国家の誇りを投げ捨て、他国に一方的にへりくだり、自国の歴史を否定する自虐史観を掲げてきました。

日本は、自国を貶め、みずから、領土侵略という国家的危機を招き寄せたのです。

中国や韓国が、首相の靖国神社参拝について、内政干渉をするようになったのも、日本が、脅しに屈したからです。

わたしは、１９８１年に、超党派による保守系の国会議員を中心に「みんなで靖国神社に参拝する国会議員の会」を結成して、終戦記念日などに、靖国神社へ集団参拝をおこなってきました。

当時、赤信号、みんなで渡ればこわくない、などと揶揄されましたが、御国のために、戦火に散った英霊を追悼し、鎮魂の祈りを捧げるのは、日本人として、いわんや政治家として、あたりまえのことで、理屈がはいりこむ余地などないという一途の思いからでした。

どこの国でも、戦没者の墓地や慰霊施設は、他国の元首がかならず訪れる、国家のもっとも厳かな場所で、野田首相も、過日の訪米の際アーリントン墓地へ出向き、献花をおこなっています。

ところが、自国の靖国神社へは、足を運ぼうとしません。

終戦記念日に、野田首相以下、全閣僚が、靖国神社参拝を見送ったのは、中国と韓国からの批判をおそれてのことで、野田首相は、「A級戦犯が合祀されている靖国神社の公式参拝には問題がある」として、在任中は参拝しない意向を表明しています。

中国や韓国がもちいるA級戦犯という呼称は、極東軍事裁判の定義で、現在の日本には、戦犯という罪名もことばも存在しません。

サンフランシスコ平和条約によって、日本が主権を回復した1952年（昭和27年）、木村篤太郎法務大臣から、国内法上における戦犯解釈について通達がだされ、さらに数度にわたる国会決議によって、戦勝国からおしつけられた戦犯という罪名は、正式に消滅しました。

同年に施行された「戦傷病者戦没者遺族等援護法」も改正され、戦犯という法的枠組みもなくなって、占領軍によって死刑に処された戦争の最高責任者は戦死と同様の「公務死」になり、戦勝国から逮捕・勾留されていた人々からも戦犯という罪名が外されました。

戦勝国であるアメリカも、日本人が、戦没者をどう追悼するかは　日本自身がきめることで、どんな国も、日本の首相の靖国参拝を批判すべきではなく、日本も、他国の批判に頭を下げるべきではない、という立場です。

日本のマスコミから保守系の政治家までが、いまだ、A級戦犯という罪名をもちいているのは、どういう神経か、理解に苦しみます。

戦後、日本人は、占領基本法である憲法とアメリカ化によって、歴史という精神の拠り所を失ってしまっているように思われます。

そして、カネやモノなど、唯物的な価値ばかりを追い求めています。

それが、品格のない人間、威厳のない国家のすがたで、過去をもたない人間は、ただの霊長類、歴史をもたない国家は、ただの物理的空間でしかありません。

唯物的な存在に、金銭的価値以上のものはありません。

かつての経済価値がない竹島を韓国にくれてやれ、尖閣を日中の共有にして地下資源を共同開発すべきなどの意見が愚劣なのは、歴史にたいする自覚や責任、誇りが欠けているからです。

北方領土も然りで、政治家の主権意識の欠如が、問題の解決を遠ざけているのです。島根県が、韓国に不法占拠されている竹島の領土権確立をもとめて「竹島の日」を制定してから、今年で7年になりますが、これまで記念式典への政府関係者の出席はなく、今年も、島根県から招待された閣僚ら政府関係者全員が欠席しています。

竹下登元首相、青木幹雄元官房長官の出身地である島根県は、今回なぜ、沈黙しているのでしょう。

竹島を放棄してしまったのでしょうか。

品格や尊厳、誇りは、歴史という無形の遺産に宿ります。

じぶんを育ててくれた父母や恩師、恩人や諸兄先輩など、いまは亡き人々を尊ぶ心が、人の尊厳をささえているように、国家も、歴史遺産がゆたかなほど、品格や威厳がそなわります。

世界各国が、日本の皇室を尊敬するのは、天皇の力が偉大だからではなく、数千年におよぶ歴史や伝統にたいして、敬意を払っているのです。

政治家が、戦没者を祀った靖国神社に敬意を払わず、国家のために身命を投げ出して、働けるものでしょうか。

現在の政治家や官僚が、国家を忘れ、唯物的な価値ばかり追って外国から侮られるのは、外圧に屈して、国家のために散華した先人が祀られた靖国神社に参拝できない精神の退廃にあるように思われます。

国家の尊厳をとりもどして、独立自尊、自立した日本をつくりあげることが急務です。

次回以降も、靖国神社や領土問題、国家主権や国家の品格についての私見をのべさせていただきます。

合掌。

ブログ（自著）解説⑦

終章　国難いかに打破すべきか

1　「劇薬」は賞味期限が切れるのも早い

乱世には、橋下徹氏のような異端児や過激な人、急進的な人がでてきます。政治に閉塞感をかんじている国民が、破壊的なエネルギーをもとめるのです。その虚をついて、尋常ならざる指導者がでてきます。

小泉純一郎氏や石原慎太郎氏も、同じタイプの政治家でしょう。小泉氏は、「自民党をぶっ潰す」と公言しましたが、たんなることばの遊びにすぎないものでした。

本来、政治は、手続きを踏み、筋をとおしてゆくことですから、過激さが売り物の変革は、ヒトラー独裁や暴力革命をあげるまでもなく、悲劇をまねきます。

歴史の連続性が断たれて、糸が切れた凧のように、墜落しかねないのです。

劇薬は、ときには、特効薬になりますが、一時的なものですから、いずれ、有効期限が切れます。

橋下氏の「大阪維新の会」に期待する仕事の第一は「既成政党の破壊」です。

小沢氏も小泉氏もできなかったことをやらなければ、新しい政治の扉は開かれません。

2 「あるべきようは」が為政者の心得

京都栂尾の明恵上人が、鎌倉時代、北条泰時に、「あるべきようは」という7文字を書きあたえ、政権を握る者の心得となせといったそうです。

「あるべきようは」というのは、当たり前のことを当たり前にすることで、本分を大事にするということでしょう。

これは、「言うは易く行うは難し」で、現在、政治家らしい政治家が、どれほどいるでしょうか。

橋下氏の暴言めいた過激発言も、石原氏のパフォーマンスも、耳目を引くには効果的でしょうが、政治家としての「あるべきよう」としては、疑問符がつきます。

政治家にかぎらず、人は、あるべきようにあるとき、最大の力を発揮することができるものです。

政治の目的は、大向こうをうならせるパフォーマンスや刺激的なことばではなく、政治家として、あるべきような言動によって達成されることを忘れてはならないでしょう。

3 民主も自民も、政党ではなく「徒党」

現在の政治は、国民に密着していません。

政治の根本原理が、国家の繁栄や国民の幸福ではなく、選挙や党利党略、立身や保身のためのものとなり、仁徳天皇が、3年間、租税を免除してのち、民のかまどから煙が立ち上るのを見て、「朕は富めり」と仰せられた政治の心が、失われているからです。

あるのは、権力の操作だけです。

消費税で合意した民・自・公の3党が、解散時期をめぐって紛糾し、野田首相への問責決議で泥仕合を演じたのは、政治問題ではなく、権力をめぐるただのゴタゴタです。

政党も、同志の集団ではなく、選挙のため、国会議員になるための道具で、有象無象が群れた徒党にすぎません。

いまの政治家は、権力ゲームに参加しているだけですから、あるのは、政治家の心ではなく、権力者や競争者の心で、他人を蹴落とすこと、権勢をふるうこと、権益をむさぼること、虚栄心をみたすことにしか関心がむきません。

国会議事堂のみならず、日本中の議会には、そういう俗物が、分不相応な歳費や手当をもらって、ふんぞり返っています。

数年前、訪問した韓国の10万人以上のある地方都市では、議会の席はわずか八つだけでした。

ボランティア精神をもった議員の歳費もわずかで、議長の公用車も、週に2回しか使えないという質素ぶりでした。

ところが、その都市は、廃坑を利用したカジノ経営を成功させるなど、一種の政治都市で、議会が、市の運営を切り盛りしているのです。

日本では、小さな村や町、市にさえ、何十人もの議員が群がって、ろくな仕事もせずに、カネや利権を奪い合っています。

その頂点にあるのが、国会議事堂です。

政治家が、国をよくするために国会に集まるのではなく、国会に集まって、国からカネや利権、その他諸々の利得を、ひたすら、掠め取っているのです。

わたしが、国政崩壊というのは、こういう惨状をさすのです。

4　オンブズマン制度をつくり政官を浄化しよう

最近、「『政・官』監視オンブズマン委員会」を組織しました。政治家や官僚の言動を国民目線からチェックして、委員名で警告や告発などをおこなうのが趣旨で、首脳スタッフのほか、全国委員組織や弁護団の編成も固まりました。かつて、日本の政治家、官僚は、国家に尽くすという思想の下で、きびしくみずからを律してきました。

ところが、現在は、だれの目もはばからない、こわいもの知らずのやりたい放題です。永田町や霞が関には、たとえ、国を売っても恥じない、不適格な権力者たちが跋扈していますが、麻生太郎元首相の漢字誤読に、上や下への大騒ぎをしたマスコミも、権力者の不始末、国益を害う言動については、口裏を合わせたように、口を噤みます。「『政・官』監視オンブズマン委員会」を、権力者にとって、何よりもこわい存在にしようと考えています。

5　大震災の教訓を埋もれさせるな

丹羽宇一郎駐中国大使の公用車が襲われて、国旗を奪われるという事件がおきました。

自民党の石原伸晃幹事長は「前世紀なら戦争になっている」と述べましたが、１９５８年におきた右翼の青年による中国国旗毀損事件では、中国政府は、当時の岸首相への正式抗議にくわえ、日本との貿易中断という強硬措置をとっています。

乃木希典は、西南戦争で連隊旗を奪われ、腹を切って詫びようとしたとき、児玉源太郎から「その命を天皇にさしだせ」と諭され、日露戦争の旅順攻略戦を成功させ、明治天皇大喪の日、切腹して、果てています。

国旗は、そのくらい重いもので、国旗が奪われそうになったら、大使たる者は、車からとびだして拳銃を発射するくらいの覚悟がなくてはなりません。

ところが、丹羽氏は、国旗を奪われた国家的屈辱、国威の毀損に責任をかんじる神経をもちあわせず、怪我がなかったことを安堵するばかりでした。

驚いたのは、事件の数日後、北京でおこなわれた催事で、丹羽氏が呑気に笑顔をうかべながら、盆踊りに興じていたことです。

テレビでこの様子を見て、呆れはてたのは、わたしだけではないでしょう。

何たることか――。

中国で大躍進中の伊藤忠の元社長、ビジネスマンだけあって、国旗を奪われるという国家的事件の深刻さに、すこしも気がついていないのです。

西郷隆盛の征韓論は、みずから韓国に出向いて直談判をおこない、じぶんが殺されたら強攻策、無事に戻ったら平和交渉という、身を捨てて浮かぶ瀬をもとめた、捨て身の外交でした。

当時の政治家に、そういう命懸けの覚悟があったからこそ、日本は、欧米列強と並んで世界5大強国の一角にのしあがることができたのです。

現在、日本が、その面影すらもっていないのは、戦争に負けたからではありません。戦争に負けて、過去を否定したからです。

天皇を戴いた一流国家だった過去の日本を否定し、改革を叫び、占領憲法を金科玉条として、どうして、日本が、世界から敬われる国になれるでしょうか。

いまこそ、日本の歴史や風土、日本人の魂に立脚した日本再建のグランドプランを立てなければなりません。

あとがき

わたしが、ブログで小論を掲出するようになったのは、２０１１年の6月からで、当時は、まだ、東日本大震災の傷跡が生々しく、それだけに、政治家のていたらくが、いっそう、目に余り、焦燥感をかきたてられました。

政治が劣化したのは、政治家に、志や覚悟がそなわっていないからです。

社会は、一握りの心ある指導者の志と才覚、努力によって、秩序と安寧、発展が約束されます。

それが、政治家の使命で、その真髄は、奉仕の心にあります。

人間には、他人や社会、国家の役に立ちたいという本能的な欲求があり、その目的のために、身を捨て、ときには、死を賭して邁進するのが、真の政治家です。

ところが、現在の政治家は、政治という、天からさずかった使命を個人の利得、選挙に勝った特権、権力につらなる者の特典と心得ちがいをして、政治家の真髄である国家・国民に尽くす精神を忘れ去っています。

ヴィクトル・ユーゴーの詩にこうあります。

今日の問題は何ぞや？
戦うことなり
明日の問題は何ぞや？
勝つことなり
あらゆる日の問題は何ぞや？
死することなり

死の覚悟なくして、命懸けの熱情なくして、どうして、嵐のなかを漂流する日本丸の舵を握ることができるでしょうか。


政治とは、畢竟、人の力による、民の幸と国の弥栄《いやさか》の追求です。

知識やモノ・カネ、軍事力は、今日の問題や明日の問題は解決できても、あらゆる日の問題を克服することはできません。

あらゆる日の問題に対決するのが、政治で、それには、死をおそれない強靭な意志、崇高な魂がもとめられます。

死を賭してたたかうほど、強いものはありません。

それが真剣で、死の覚悟をとおして、魂がこめられ、人知をこえた力が発揮されます。

一方、死を賭してたたかわざる者が、つねに、敗者の惨めさを味わうのは、自分自身をこえられないからです。

今日、たたかう相手、明日、勝つ相手は、事象や事物です。

そして、さらに、それをのりこえるところに、真の勝利があることを、ユーゴーは、「死することなり」と表現したのではないでしょうか。


ソクラテスは、アテナイの雑踏で、真昼間、ランプを点けて、人を探したとつたえられます。

ソクラテスが探していたのは、快楽や欲望の奴隷ではない、本物の人間で、わたしは、それが真の政治家のすがたと信じます。

人多き人のなかにも人ぞなき――

それこそが、日本の政治の悲劇です。

わたしにとって、ブログが真昼間のランプで、探しもとめているのは、真の政治家です。

本書をつうじて、本物の政治家が育ってくれることを祈るばかりです。

わたしが、議員バッジを返上して、野に下ってから、すでに、10年以上の歳月がたちました。

しかし、政治とのかかわりが絶えたわけではなく、永田町の一隅に「躍進日本！春風の会」の事務所を構え、議員や有志との交流のほか勉強会や催事などをおこない、また、多くの方々の声に耳を傾け、日本の政治を変えるべく、さまざまな活動をつづけています。

人間が、社会的な動物で、個人を国家から、個を全体から切り離すことができない以上、政治は、つねに、われわれの身近にあります。

わたしは、今後も、よき政治とは何か、日本の政治はどうあるべきかについて、考えてまいりたいと思います。

本書の巻末に、「躍進日本！春風の会」の趣意を掲載いたしましたので、ご高覧いただければ幸いです。

末尾になりましたが、本書の刊行にご尽力いただいた佐々木春樹編集長のほか、文芸社の皆様に、この欄をお借りして、厚く御礼を申し上げます。


合掌。

平成24年10月吉日　村上正邦

村上正邦ブログ　http://blog.shunpunokai.com/

「躍進日本！春風の会」

丹精《たんせい》が稔《みの》った米、森と土が磨いた水、手塩にかける杜氏《とうじ》
世代を超えて守り育てられた木が匠の手で組み上げられた香《かぐわ》しい新樽《にいだる》
そこで熟成された新しい酒が
鮮やかな朝の陽光を浴びて　人々の喜びのうちに迎えられる
そんな新しい政治がほしい
いま社会・邦《くに》の側から　草莽《そうもう》の魂の叫びが沸《わ》き起こります
私たちは　ここに集い　めざします

〔一〕宣言
祖国日本をあたりまえが通り　人それぞれが持分を生かせる国に
老若男女の元気にあふれる　力強く頼もしく輝かしい国に
拝金主義、物質万能主義を排し、いのちを大切にする国にします
旧来の政治家による「政界再編」ではなく
新しい政治家を育て　新しい政治構造をつくり
先祖と子供たちに恥じない清新で活力ある政治を実現し
日本を豊饒《ほうじょう》の地にすべく
全力ではたらきます

〔二〕求める仲間

私たちは求めます
日本を愛し　公に尽くす人を
高い理想と理念に裏付けられ勁《つよ》い勇気を持った人を
正義と品位を重んずる人を
たえざる研鑽《けんさん》を怠らない人を
仕事ができる人を
政治とは命をかけるものだとの覚悟をした人を
明日の祖国を担う若き人を

〔三〕本質的な課題

私たちは心にしっかり銘記します
日本は皇室をきずなとして結ばれた日本人の国です
皇位の正統な継承に万全を期します
憲法のあり方を抜本的に考え日本人による日本人の憲法をつくります

志と勇気と理念をもち、人の誠に感激し、たとえ命を捨てることがあっても祖国日本に尽くそうとの心をもった有志よ、偕《とも》にやろうではありませんか。

代表幹事　村上正邦
幹事一同

著者プロフィール

村上 正邦（むらかみ まさくに）

昭和７（1932）年、福岡県生まれ。31年、拓殖大学政経学部卒業。40年、玉置和郎参議院議員秘書を経て、55年、参議院全国区で初当選し、以来４選を果たす。59年、防衛政務次官、平成３（1991）年、参議院自由民主党国対委員長、４年、労働大臣、７年、参議院自由民主党幹事長、10年、中曽根派政科研究会長、11年、志帥会会長、同年、参議院自由民主党議員会長、12年、参議院憲法調査会初代会長に就任。13年、ＫＳＤ事件を巡る受託収賄容疑で東京地検特捜部に逮捕される。18年、「春風の会」代表、現在に至る。主な著書に『汗にむくいる』『政治にスジを通す』『混迷の東欧を探る』、共著に『参議院なんかいらない』『自民党はなぜ潰れないのか』『大和ごころ入門——日本の善によって現代の悪を斬る』などがある。

村上正邦ブログ　http://blog.shunpunokai.com/

政治家の「あるべきようは」——日本を洗濯致し候《そうろう》

2012年11月20日　初版第１刷発行

著　者　村上 正邦
発行者　瓜谷 綱延
発行所　株式会社文芸社
〒160-0022　東京都新宿区新宿1－10－1
電話　03-5369-3060（編集）
03-5369-2299（販売）

印刷所　日経印刷株式会社

ISBN978-4-286-13376-8